JN063611

学校図書館をハックする

学びのハブになるための10の方法

クリスティーナ・A. ホルズワイス、ストーニー・エヴァンス
松田ユリ子・桑田てるみ・吉田新一郎 訳

HACKING SCHOOL LIBRARIES

KRISTINA A. HOLZWEISS, STONY EVANS

新評論

訳者まえがき

この本には、学校図書館を活性化させるための具体的なアイディアがぎっしりつまっています。生徒が図書館に来ない？　読書したがらない？　図書館の資料を活用した授業をする教師が少なすぎる？　ネット環境がしょぼい？　管理職に理解がない？

そうです、そうした現状と日々果敢に取り組んでいる学校司書や司書教諭のみなさんにこそ手に取ってほしいのが本書です。

でも、それだけじゃありません。学校図書館が生徒の学びのためにできることは無限にあるということを、本書は教えてくれています。ですから、本書が想定している読者は、自分の頭でものを考えられる子どもを育てる使命をもっているすべての人となります。とりわけ、学校の管理職、教職員、教育委員会や教育行政にかかわる方々には必読の書となります。これからの学校教育にとって、学校図書館がなくてはならない装置であることを明らかにしているだけでなく、その装置を常に滑らかに駆動し続け、有機的に成長させるにはどうすればよいのかについて具体的に示しているからです。

各章が扱うハックは、以下の流れで示されています。

・問題（取り組むべき課題）
・ハック（課題を解決するための方法の概要）
・あなたが明日にでもできること（手はじめにやるとよいこと）
・完全実施に向けての青写真（ステップを踏んで取り組む具体的な方法）
・課題を乗り越える（取り組みに対して起こりうる抵抗に立ち向かう方法）
・実際にハックが行われている事例（一つか二つの具体的な実践例）

翻訳するにあたり、日本の読者が隅々まで参考にできるよう内容をできるかぎり精査し、北米に特有の教育内容を省いたり、テクノロジーの情報をアップデートしたりするなどの手を加えています。とはいえ、テクノロジーは日進月歩ですので、アップデートしきれていない部分が出てしまう可能性がありますが、その点はご容赦ください。

「この本が自分の新採用のときにあったら！」と思わずにいられません。どうぞ、「10のハック」をワクワクしながら楽しんでください。

なお、学校の現場で学校司書や司書教諭や教科の教諭として、また学校図書館を支援する立場でご活躍の八人の方々にお願いをして、下訳の段階で目を通していただきました。思惑どおり、忌憚のない貴重なコメントが集まり、内容の精度が格段にアップしたと思っています。

激務のなかご協力くださった青山比呂乃、宇田川恵理、押木和子、唐澤智之、澤田英輔、宗愛子、竹村和子、田子環の各氏（五十音順敬称略）には心より感謝申し上げます。また、ベストの形で読者に届けることに最善を尽くしてくださった武市一幸さんほか、株式会社新評論の方々にも感謝いたします。

訳者を代表して　松田ユリ子

もくじ

学校図書館をハックする

——学びのハブになるための10の方法

Kristina A. Holzweiss and Stony Evans
HACKING SCHOOL LIBRARIES
10 WAYS TO INCORPORATE LIBRARY MEDIA
CENTERS INTO YOUR LEARNING COMMUNITY

Japanese translation rights arranged with Times 10 Publications
through Japan UNI Agency, Inc., Tokyo

学校図書館のスペースを変える

図書館をデザインし直せば生徒はやって来る！

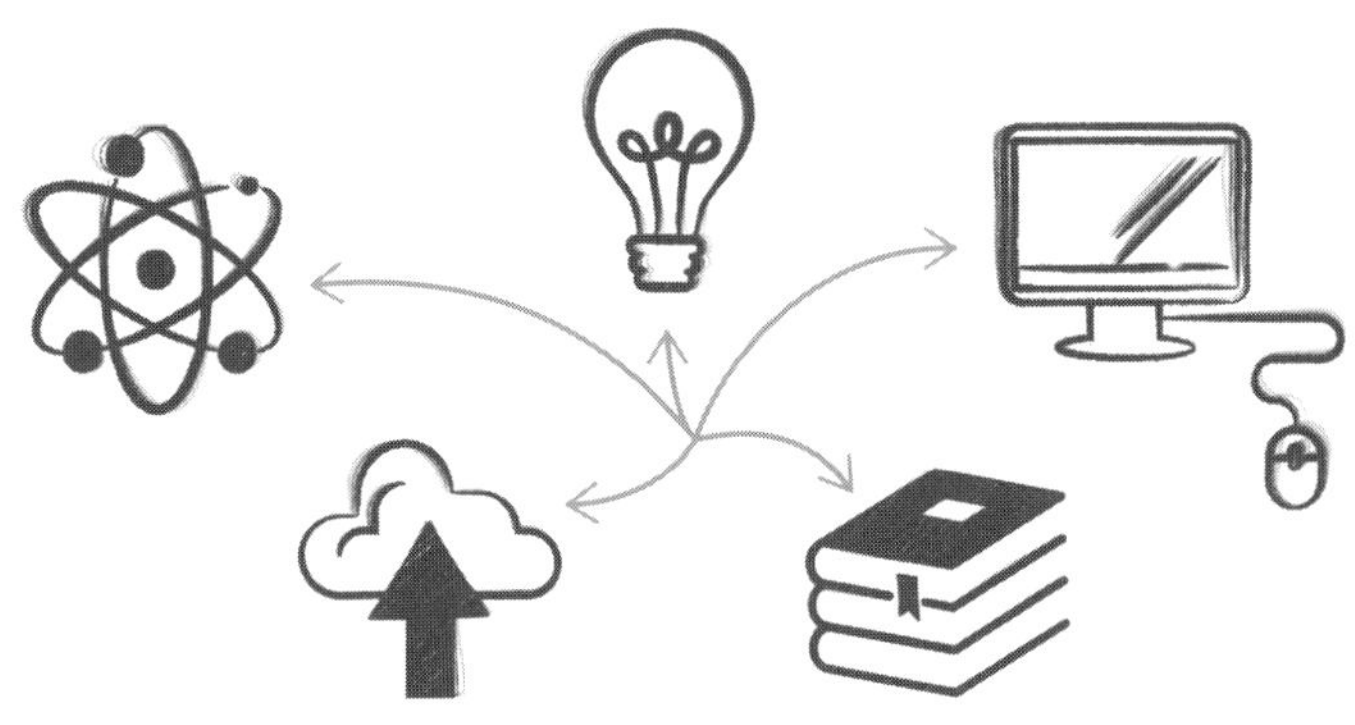

図書館に足を踏み入れるのは、
いつも素敵なことだった。
まるで、家に帰ってきたみたいだった。
(エリザベス・コストヴァ)*

（＊）（Elizabeth Kostova）作家。処女作『ヒストリアン（Ⅰ・Ⅱ）』（高瀬素子訳、NHK 出版、2006年）でホップウッド賞を受賞し、全米ベストセラー第1位となり、世界で150万部以上発行されています。ほかに『白鳥泥棒』（高瀬素子訳、NHK 出版、2012年）があります。

問題──学校図書館は、見た目も機能もデザインされているとは言い難い。はっきり言って、居心地のよい場所としてデザインされていない

学校で生徒は、(1)多くの時間をきちんと並んだ椅子に座って過ごしています。両親、祖父母、そして曾祖父母もそうでした。ということは、誰にでも関係がある問題ということになります。誰もが、生徒のときは蛍光灯の下で、静かに前を向いて座っていたものです。問題となるのは、そうした教室の設え(しつらえ)が、探究したり、話し合ったりする場というよりは工場の雰囲気に似ていることです。

一方、家庭の部屋は、それぞれの目的に沿って設えがされています。ダイニングルームのテーブルは、家族が集まり、日々の食事のときに顔をあわせて交流するためにあります。リビングルームには、おしゃべりをするために異なるサイズのさまざまな椅子があり、テレビがゆっくり観られるようにうまく配置されています。寝室は一日の疲れを癒す場所であり、そこには、服を収納するための家具が置かれています。

学校図書館も、家庭のインテリアを検討するときのように考える必要があります。昔ながらの流儀に固執するのではなく、学校のなかで求められる多様な目的に沿うようなデザインを、生徒や教師に提供すべきなのです。この点をないがしろにして、多様な目的に対応可能な環境デザインができなければ結果は目に見えています。そう、図書館は使われない場所になるのです。

反対に、よく整備され、居心地がよく、使いやすい空間をつくれば、学校にいるすべての人が図書館に行きたいという気持ちになります。そうすれば図書館は、「本オタク」だけの溜まり場から、はるかにダイナミックな場所に変貌します。学校にいるみんなを、読むことはもちろん、探究し、つなぎ、協働し、シェアし、そして創造することに誘うのです。

見た目も、機能も、素敵な学校図書館をデザインすることからすべてがはじまります。来館する人を古い考え方に従わせるのではなく、その能力を最大限に引きだし、新しいアイディアに取り組めるような場所にしましょう。そのためには、学校図書館担当者だけではなく、「学校図書館長」である校長はもちろんのこと、教職員と生徒がアイディアを出しあい、図書館をデザインし直す改造計画にも加わる必要があります。

（1）生徒、学習者、子ども、児童はすべて「生徒」で統一します。

読書ラウンジや図書コーナーは、よい本とまったりできるくつろぎスペース

ハック――学校図書館のスペースを変える

学校図書館の空間を生徒の視点で眺めてみましょう。あるいは、同僚、管理職、保護者たちの視点からです。

・ここは「いつでもどうぞ」という空気に満ちていて、探究心を掻きたてられるような場所になっているでしょうか?
・使い勝手がよく、資料は探しやすいでしょうか?
・成長と自立を育む雰囲気と環境になっていますか?

これらの問いに対する答えが一つでも「ノー」であれば、そこから着手しましょう。楽しい旅のはじまりと考えれば、むしろラッキーだと言えます。

スターバックスやアップル・ストアに学びましょう。どちらも、買い物するためというよりは経験を求めて人々が集まる場所です。同じく学校図書館も、顧客である生徒や教師の多様なニーズにこたえる仕事をしているはずです。顧客にアピールするためには、彼らについて考えることからはじめるべきです。

生徒が学びたい方法で学べるような環境をつくりたいなら、生徒の意見を尊重し、図書館のプログラム[2]に積極的に参加してもらいましょう。そうして初めて、図書館をその特定の目的に沿うようにデザインできたと言えます。インテリアデザインと機能をすべて生徒のためになるように考え抜くことができれば[3]、生徒の学びを保証することになります。

生徒は、大人と同じように自分の名前を覚えてもらい、来訪を喜んでくれる場所に行きたいと思っています。学校図書館が自分たちの望むような形で変わろうとしている、自分たちがもっとかかわれると知ったら、生徒たちがどんなに興奮するか想像してみてください。それは、自分も改造に参加できるというワクワク感なのです。

このような考え方は、行きすぎで怖いと感じるかもしれません。しかし、何も学校図書館を全面改装しなければならないわけではありません。細部を変えることを積み重ねれば、大きなインパクトを生むのです。図書館の見た目と機能に着目して、シンプルで創造的にレイアウトや装飾を変えることで、生産性を驚くほど高めることができます。まずは、生徒を知ることからはじめましょう。彼らのためにつくり、飾るのです。

（２）プログラムには、授業、ワークショップ、イベントなど、利用者のために主催するすべての活動が含まれます。

（３）「教員や学校図書館担当者の独りよがりな視点でデザインしていないか、ということを常にチェックし、振り返ってほしい観点だと思います」という翻訳協力者からのコメントがありました。

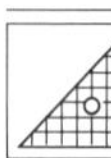

あなたが明日にでもできること

必要のない本を抜く――時代遅れの、使えない、汚れた本をなぜそのままにしておくのでしょうか？　古くさくて、教材に使えない本が詰まっている棚にまっすぐ向きあいましょう。図書館管理ソフトで、蔵書全体と分類ごとの出版年の平均を調査して、分析し、それをどのようにアップデートできるか考えるのです。

手はじめに、もっとも古びたエリアに注目しましょう。そこにあるものにこそ、もっとも注意を向けるべきだからです。古くなった服は断捨離したいと誰しもが思っているはずです。人類が月面着陸する以前の、宇宙に関する本は本当に必要でしょうか？　あなたは学校図書館員であって、アーキビスト(4)ではないのです。

スッキリさせる――学校図書館が、必要以上に本であふれているということはありませんか？　それを何とかしましょう。それが、一番簡単で、即効性がある空間のアップデート方法です。サインや展示を、葬り去るか変えます。ルールを示すなら、禁止ではなく、ポジティブな表現の短いものにしましょう。

昔ながらの机を捨てて、隠れ家的な読書スペースやみんなで作業ができるスペースを確保します。ブックエンドは滑り止めテープで固定して、本が倒れないようにします。ペンキを混ぜるときに使うスティックを書架用の見出し[5]にしてみましょう。また、返却された本を入れるためのバスケットを床に置くのもいいですね。ちなみに、冷蔵庫のゴムパッキンはブックトラックから本が滑り落ちるのを防いでくれます。こうした工夫で空間はスッキリし、生徒にとって親しみやすく、楽しい場所になります。

整理整頓をする——以下の提案は、小学校低学年向け学校図書館の運営

(4)　アーカイブ（公文書館）で働く、永久保存価値のある情報を査定、収集、整理、保存、管理し、閲覧できるよう整える専門職のことです。

(5)　この場合の書架見出しとは、本を取り出したときにどこから抜いたかが分かるように刺しておくちょっと長めのへら状の、shelf maker のことです。以下の画像が参考になります。https://i.pinimg.com/originals/64/28/8a/64288a9e40f36fe548020be6e6c91ff7.jpg

手はじめに、もっとも古びたエリアに注目しよう。そこにあるものにこそ最大限の注意を払うべきだからだ。人類が月面着陸する以前の、宇宙に関する本は本当に必要なのだろうか？　あなたは学校図書館員であって、アーキビストではないのだ。

方法ですが、それぞれの対象年齢に応じた応用が可能です。心置きなく閲覧したり、作業ができるように、手荷物が置いておけるロッカーを設置しましょう。スクラップブック保存箱（写真参照）は、メイカースペース[6]用の道具や文房具を入れておくのにちょうどよいです。突っ張り棒にカーテンを掛ければ、雑然とした道具の目隠しになります。

壁かけ式のウォールポケット（写真参照）は、ペン、蛍光ペン、マーカー、ハサミ、クレヨンなどを整理するために使えます。バスケットに番号をつけて色分けすれば、道具類の分類が簡単にできるでしょう。

可動式で、充電もできる鍵付きのカートに図書館中の情報機器を集約します。また、ハンガーラックは、ポスターや地図などを吊るして垂直に保存しておくのに使えます。塩ビ管でヘッドホンを掛ける場所をつくるのもいいでしょう。さらに、ラミネーターを置いて、長期間使えるカラーサインがつくれるようにするのもいいかもしれません。目を引く、分か

文房具入れ。この学校では、日本語、韓国語、ロシア語を外国語として教えているようです

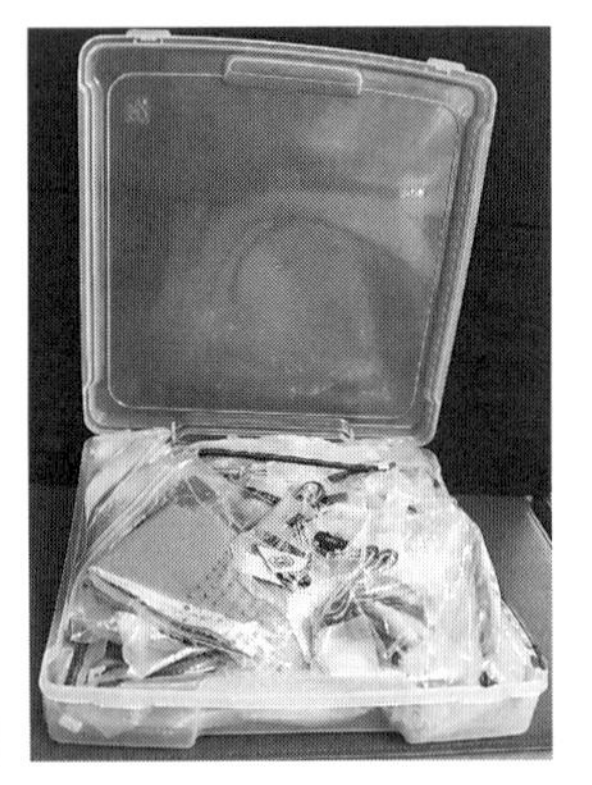

スクラップブック保存箱

りやすいサインをつくりましょう。

すべての生徒、とりわけ英語（日本語）を学習中の生徒や特別な支援を必要とする生徒でも何が求められているのかが分かるように、文字と絵の両方を使ったものにします。

色を使う――積極的に色を使いましょう。ただし、対象年齢にあった色を選ぶことを忘れないようにしてください。機能塗料(7)を試してみましょう。テーブル、キャビネット、壁はもちろん、貸出カウンターですらブレインストーミングのキャンバスに変えることができます。なにも特別な場所をつくらなくても、壁をグリーンに塗れば即席の撮影用グリーンバック(8)に早変わりします。

付箋（ふせん）を使ったり、近所の金物屋からペンキのサンプルチップを貰ってきてペイントしたりして、即席のアート作品をつくるというのはどうでしょうか？　もし、カーペットの張り替え予算がついたら、タイルカーペットを選んで、異なる目的ごとに色分けしてそのスペースを表現してみましょう。

（6）メイカースペースについては「ハック3」を参照してください。

（7）特殊な性質や機能をもった塗料。断熱塗料のほか、調湿作用や消臭作用のある塗料、結露を防ぐ塗料、黒板塗料、磁石塗料、空気をきれいにして汚れを落とす光触媒塗料など、たくさんの種類があります。

（8）映像を合成する際に用いる緑色の背景のことです。

一部のコーナーだけカーペットを替えれば、全体を変えるより簡単で安くあがります。予算がかぎられている場合は大きなラグを敷くというのもいいでしょう。家具は、布などをタッカーで留めて張り替えれば見た目もよくなりますし、色味が増えるので学校図書館を楽しげな場所にすることができます。

飾る――書架の上に生徒の作品を飾りましょう。ブックカート、読書用椅子、壁面や天井タイルをデザインしてくれる生徒を募りましょう。

書架をコンタクトペーパー（片面粘着紙）⑨で華やかにするのもいいですね。貼って剥がせるフック、マジックテープ、あるいはグルーガンでマスキングテープの上に飾りを吊るしたり貼ったりすれば、壁に穴を開ける必要もありません。また、植物は殺風景すぎるコーナーを和らげてくれますし、酸素を館内に放出してくれます。世話をしてくれる生徒や、園芸に目覚めるといった生徒が現れるかもしれません。

ここに挙げたようなことは、学校図書館を生徒にとって親しめる、行きやすい場所にする方法なのです。

完全実施に向けての青写真

ステップ1　現状を把握する

一歩下がって、客観的な目で、学校図書館の各セクション（フィクション、ノンフィクション、参考図書）を空間全体として眺めてみましょう。改めて図書館を歩いて写真やビデオを撮り、見直してみるといいかもしれません。「グーグルカードボード」[10]アプリを使って、三六〇度のパノラマ写真を撮るとさらによいでしょう。それらを基にして、うまく使われているところと改善が必要なところをリストアップするのです。

窓や壁、ドア、柱などの構造をメモしましょう。それらのデザインまで考えるのは難しいかもしれませんが、どうすれば効果的に使えるかと考えるきっかけになります。利用者がどのように入ってきて出ていくのか、どのようにスペースを使っているのか観察しましょう。

すでに設置されている情報機器について考えます。また、将来予算がつく見込みの機器も視野

---

(9)　樹脂でできたスティックを熱によって溶かし、それが再び固まることで接着する道具です。

(10)　(Google Cardboard) スマートフォンでバーチャル・リアリティー体験をするための、段ボール製で折り畳みできる簡易な装置です。

に入れて、何を使えば最大の効果が得られるかについても考えます。たとえば、カートにiPad、クロームブック、ノートパソコンを積んで自由に移動できるようにすれば、コンピューターラボをつくるよりもはるかに簡単です。そして、学校図書館のビジョンについて管理職に意見を述べるときには、情報機器のことだけでなくWi-Fi設備の重要性も強調しましょう。(11)

こうして明らかになったニーズに基づいて、図書館改造の計画を立てることからはじめましょう。

ステップ2　フィードバックをもらう

紙ベースでもウェブでもいいので、生徒や教職員が考えていることを知るためにアンケートを実施してみましょう。(12) 雑誌、カタログ、ブログ、ウェブサイト、SNS、「ピンタレスト」などを参考にしながら、「学校図書館の中で好きな場所はどこ?」、「気に入らない場所は?」、「それはなぜ?」、「どうすればよくなる?」と尋ね、アンケートに協力してくれた人と意見交換をしてみましょう。

学校図書館をデザインし直せば来館者数と貸出冊数が増加し、最終的には生徒の読解力が上がることが証明できるようなデータを示そう。

また、特別支援教育の教師の意見を聞くことも忘れないようにしてください。彼らは生徒のニーズをよく知っていて、生徒にとって最高の環境を提供できる方法について教えてくれます。

学校図書館のスペースを客観的な視点で眺めたあとに、図書館用品をつくっている企業の担当者と相談するというのもいいでしょう。そのうえで、生徒、教師、保護者、管理職で構成する「図書館デザイン委員会」を立ちあげて、それぞれから意見を出してもらいましょう。

あらゆる角度から図書館を評価検討する過程で見えてきたことをプレゼンします。委員会のメンバー以外の人にも使い勝手のよいスペースについての考えを話してもらうほか、図書館改造に成功した事例を紹介しましょう。そして、その改造が学校全体の学びに与えたよい影響について話すのです。図書館をデザインし直せば来館者数と貸出冊数が増加し、最終的には読解力テストの成績が上がることが証明できるデータを示しましょう。

ステップ3　レイアウトを変える

生徒の学びを支え、成功に導くための家具、照明、レイアウトなどを決めるときには、ユニバ

---

(11) ChoromeOSを搭載したコンピューターのことです。
(12) (Pinterest) 興味がある分野の写真をテーマごとに集めておくことができるウェブサービスです。図書館活動のさまざまなアイディアもあり、参考になります。

ーサルデザインの視点を忘れないようにします。一部のリフォームにせよ、全面改装にせよ、十分な電源と多目的に使える収納や家具があり、オープンでフレキシブルな、共同で作業ができる空間づくりを目指します。

多くの学校図書館員は、壁をぶち抜いたり天窓を造ったりという贅沢は望んでいないと思いますが、それぞれのスペースが最大限活かされることは肝に銘じておかなければなりません。家具を動かす前に、その定位置をマスキングテープで型取っておきます。いつでもその場所にピッタリ収めることができますし、利用者が動かしても対処できるからです。

書架やキャビネットにキャスターを付

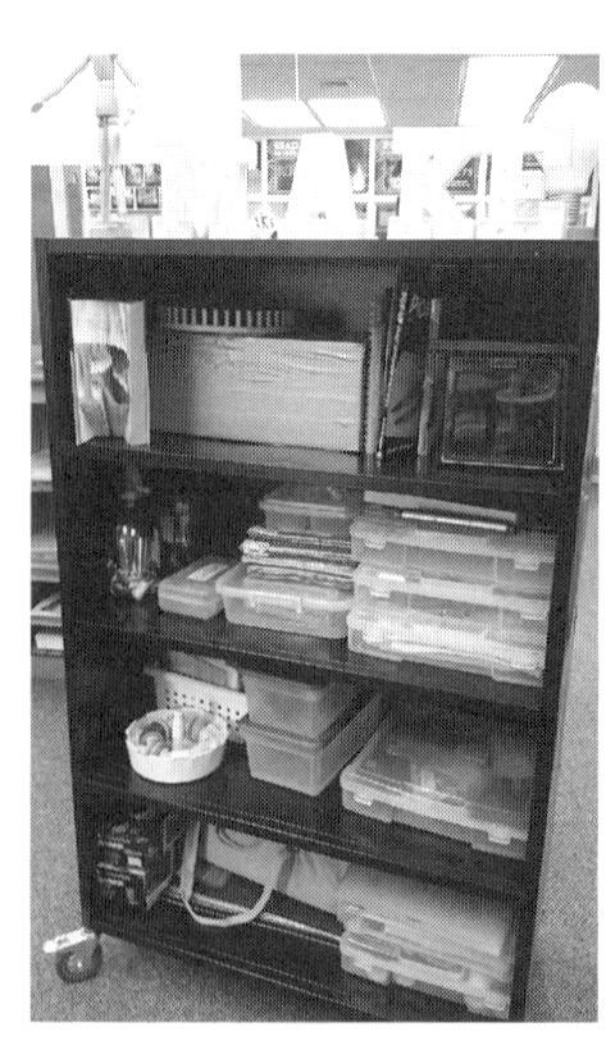

スチールキャビネットは欲しくてたまらなかった収納スペースを提供してくれる

可動式レゴ基礎板は機能性を高める

けましょう。既存の家具が、読書ラウンジ、セミナールーム、メイカースペースなどといったように、多様に使えるオープンスペースを生みだすためのツールとなります。背の高いスチールキャビネットは、パーティション、メイカースペースの収納庫、伝言板、そしてレゴウォールにもなります。(13)レゴウォールは、レゴ基礎板の裏面に強力マグネットを付けて、必要な場所に貼るだけでできます。

ステップ4　座れる場所のオプションを増やす

移動可能な座席の配置や、多目的に使える家具のトレンドに敏感になりましょう。きっと役に立ちます。カーペットの店に行ってサンプルを貰ってきましょう。プールヌードル(14)の端をカラフルなダクトテープで固定して円形にし、その上にヨガボールを置いて椅子にしてみましょう。ビール(15)ケースをひっくり返して、その上に編んだクッションを置いてみるというのはどうでしょう

(13)　レゴ基礎板を書架の側面に設置した例は、https://missmegslibrary.wordpress.com/2018/09/22/the-epic-lego-wall-gcl-version/ が参考になります。

(14)　(pool noodle) プールで浮かべて使う棒状のグッズです。

(15)　日本では、瓶を入れるケースを見かけることが少なくなりました。代替品として考えられるのは、収穫した野菜を入れるケースです。近くのＪＡなどに問い合わせてみてください。

か。椅子になるだけでなく、物入れにもなります。

ある机の下にだけ自転車のペダルを設置して、落ち着きのない生徒がエネルギーを発散できるようにするのもいいですね。フィットネスバイク、ウォーキングマシーン、スタンドアップデスク、ロッキングチェアなどもいいでしょう。仮にビーズクッションをいくつか買ったしても大した金額にはなりませんし、床にヨガマットを敷けば快適で丈夫なシートにもなります。また、大きなプラスチックバケツをひっくり返してクッションを置くというのもいいでしょう（屋外パティオ用クッションなら、普通のクッションより大きくて耐久性があります）。

そのほか、折り畳みテーブルを共同作業場所、パーティション、ブレインストーミングのためのメモボードにします。また、病院で使っているよ

明るい色のプラスチックの椅子は、メイカースペースの掃除を楽にする

高さを変えられる病院用トレイテーブルは、立っても座っても両方に使える

うな、高さが調節できるトレイテーブルで貸出カウンターを拡張します。バー・スツールに腰掛けた生徒が、あなたの仕事スペースを侵食することなくおしゃべりが楽しめるようにしましょう。そのためには、片づける必要がなく、新しいアイディアを試すことができる、フレキシブルなスペースをつくる必要があります。

ステップ5　予算案を立てて資金調達する

図書館デザイン委員会で企画書をつくりましょう。到達目標を設定し、そのために何が必要なのか明確にするのです。優先順位の高いものをリスト化し、それぞれにかかるコストと時間を書きだします。どの程度の変更までなら学校や教育委員会の事前許可を必要としないのかチェックしておきます。

照明、コンセントの増設、Wi-Fiスポットを要求するときは必ず管理職に相談しましょう。そのときに、プランA、プランB、プランCを準備し、予算枠にあわせて提示ができるようにしておくとよいでしょう。

変えたい箇所の内容に見合った寄付をしてくれそうな人や、資金を提供してくれそうな企業にあたってみましょう。学校に家具を格安で提供してくれるような地元企業や、特別な色や型のカーペットをセール販売しているお店はありませんか？　学校図書館の改造がいかに生徒の学びに役立つかについて手紙を書き、助成金をお願いしてみましょう。また、写真やインタヴュー記事をつけた宣伝チラシをつくって、ＰＴＡや学校評議会に支援を頼んでみましょう。

ステップ6　改造のプロセスを記録する

オンラインアルバムを制作して、改造プロセスを写真や動画で公開しましょう。行っている作業を見直すのにも役立ちますし、学校外の人に刺激を与えることにもなります。生徒、保護者、教職員、地域の人などを含む学校関係者[16]は、学校図書館の改造プロセスをバーチャルに体験できることを喜ぶはずです。このような記録は他校の学校図書館員にも役立ちますし、それぞれの図書館を改造する後押しにもなります。

ステップ7　お披露目をする

学校図書館の改造が完成したらお祝いをしましょう！　盛大なお披露目のために、生徒と一緒に招待状をつくり、飾りつけをします。教職員を誘ってお披露目会に参加してもらい、生徒のサポートと軽食や音楽の準備を担当してもらうのです。

もちろん、教育長、教育委員、教育委員会のスタッフ、校長、保護者を最初に招いて新しい図書館の雰囲気を楽しんでもらうわけですが、その際、生徒に新しい図書館のツアーガイドをやってもらいましょう。どのように改造が進められたか、また改造についての自分たちの考えを説明してもらうのです。

後日、本棚などの重たい家具を動かすときに手伝ってくれた職員をランチに招待して、感謝の意を示しましょう。言うまでもなく、感謝の言葉を記した手紙をわたすことも忘れないようにして、そのコピーを校長にもわたしておきます。

課題を乗り越える

学校図書館は、学校の中でもっとも広く、もっとも使われる場所の一つで、多様な人々が絶え間なくやって来ます。図書館がどうあるべきかに対する考え方は人それぞれで、改造を歓迎する人がいるかと思えば恐怖を覚える人もいることでしょう。生徒や同僚に、図書館の変化が快適なこと（むしろワクワクすること）だと思ってもらえるかどうかはあなた次第です。想定される質問や反応、またその解決法の例を以下に示しておきます。

(16)　広い意味で、学校の利害関係者を指しています。

課題1　「ずいぶん変わっちゃったんだね」

良くも悪くも人は変化に敏感です。古い本がなくなったことに動揺する人もいれば、新しいレイアウトや色使いに異論を唱える人もいます。しかし、これはリサーチに基づいて委員会で検討した結果であって、理由があるから変えたのです。彼らが新しい学校図書館に慣れるまで待ちましょう。

利用者のさまざまなエピソードとともに、貸出冊数と来館者数の記録をとりましょう。エビデンス（根拠）を示せば、反対することが難しくなります。

課題2　「全面改装する予算はないよ」

お金はいつだってないのです。だからといって、空間のリノベーションを止めることはできません。少しのお金でできることや、お金をかけずにできることからはじめて、改装を諦めないことです。本気で仕事をしようとしていることが分かると、寄付や予算をひねりだせないかと周りの人が考えてくれようになります。諦めてしまう前に、持っているもので何ができるか考えましょう。そして、どうすれば資金や物品を調達できるかと考え続けるのです。

学校に予算がないからといって、それが生徒に対して最善の努力をしないことの言い訳にはなりません。

課題3　「本があって司書がいればいいんだ。ほかに何もいらない」

学校がそうであるように、学校図書館も生徒が未来へのチャレンジを準備するための場所であることを説明しましょう。ノーム・チョムスキー(17)が言うように、「五年前に教えたことを今も教えているのなら、その分野が終わっているか、もしくはあなたが終わっている」のです。

ピュー研究所(18)の「社会変化とテクノロジーの利用に関する統計」を参照するほか、アメリカ学校図書館員協会（ＡＡＳＬ）の「学習者、学校図書館員、学校図書館のための全国学校図書館スタンダード」を関係者と共有しましょう。同じく、国際工学教育学会（ＩＳＴＥ）の「生徒のための学びのスタンダード」や「未来の学校のためのフレームワーク」も共有するのです(19)。

図書館はさまざまなニーズにこたえなければなりません。それができないと、生徒たちが時流に乗り遅れることになるからです。

---

(17)（Avram Noam Chomsky）アメリカの言語哲学者、認知科学者で、マサチューセッツ工科大学の言語学および言語哲学の研究所教授です。

(18)（Pew Research Center）アメリカ・ワシントンＤＣを拠点として、アメリカや世界における人々の問題意識や意見、傾向に関する情報を調査するシンクタンクです。

(19)　上記の三つの資料は、https://www.pewresearch.org/i/、およびＱＲコードで見ることができます。

実際にハックが行われている事例

ケイティーの場合

ケイティー・ダーティーは、ノース・キャロライナ州にあるノース・バンコム高校の学校図書館員で、もう一人の学校図書館員シンディー・マキエーナンと一緒に、たった六〇〇ドル（約六万円）の予算しかなかったのに学校図書館の改造を決めました。

「最初、シンディーと改造のアイディアを出しあっているときは絶対に無理だと思いました。でもすぐに、自分たちだけでやろうとしなくてもいいと気づいたの」

インテリアデザインの教師ステファニー・グリフィンが、図書館改造を手伝いたい生徒たちやほかの教科の教師たち、また割引や寄付をしてくれそうな地域のさまざまな企業を二人に紹介してくれました。

「キャリアと技術教育」プログラムの生徒たちが、学校図書館の問題を解決する方法を考えるデザイン思考(20)のプロセスに参加してくれました。溶接クラスの生徒たちが図書館の古い金属製の書架を新しい雑誌架に変えてくれたほか、木工クラスの生徒たちが、ペンキを塗る必要のあるテーブル全部にサンドペーパーをかけてくれました。そのあと、インテリアデザインクラスの生徒たちがテーブルの天板にペンキを塗り、美術クラスの生徒たちが壁画を描き、木製の椅子を装飾してくれました。

「ペンキは、見た目と機能の変革にとても役立ちます」とケイティーは言います。ケイティーの図書館は、チームワークによって変貌したのです。

トッドの場合

トッド・バールソンはイリノイ州のハバードウッズ小学校の学校図書館員で、二〇一六年には「年間最優秀学校図書館員」[21]を受賞しています。彼は、学校図書館を学びの遊び場に変えました。

---

(20)　新型コロナウィルスへの対応を含めて、日本の社会に欠落しているのがこの問題解決能力やデザイン思考であることが明らかになってしまいました（http://projectbetterschool.blogspot.com/2020/05/blog-post.html）。それらを教育現場で練習する方法として『ＰＢＬ——学びの可能性をひらく授業づくり』（リンダ・トーブ他／伊藤通子他訳、北大路書房、二〇一七年）、『あなたの授業が子どもと世界を変える』（ジョン・スペンサー他／吉田新一郎訳、新評論、二〇二〇年）、そして現在翻訳中の『*Design Thinking in the Classroom : Easy-to-Use Teaching Tools to Foster Creativity, Encourage Innovation, and Unleash Potential in Every Student*』を参照してください。

(21)　（School Librarian of the Year）スクール・ライブラリー・ジャーナルと児童向けの出版や教育などを手掛けるスカラスティック社が、優れた実践を行った学校図書館員を選定して表彰するものです。

まず、シカゴ大都市圏内の図書館を何軒も見学し、さまざまな空間づくりの事例を集め、世界中の図書館の写真を参考にしながら欲しいもののリストをつくりました。次に、自分が務めている図書館のスペースを白紙から考えました。「グーグル図形描画」[22]のディジタル・テンプレートを使って何度も何度もプロトタイプを描き換え、効率的かつ迅速に検討を重ねました。そして、できあがった基本形を大きくプリントアウトして、みんなで空間やレイアウトのプロトタイプづくりができるようにもしました。

資金と資源を節約するために、既存の構造を利用して改造を行うことにしました。書架を切り離し、天板の底を補強しました。バラ売りの業務用キャスターを購入して、什器のすべてを自由に動かせるようにしました。

また、ホワイトボードの代わりにシャワーボードを購入しています。シャワーボードとは安価な仕切りのことで、メラミン仕上げの中密度繊維板です。ホワイトボード一枚の予算で、入り口のホール全体をシャワーボードで覆うことができました。

さらに、古いコンピューター台の表面を工業用配管で補修し、固定金具で古い天板に強度を加えました。ＤＩＹ作業台、コンピューターのプログラミングコーナー、ミシンステーションのリフォームが、わずか二〇〇ドル（約二万円）以下でできあがったのです。

学校図書館の改造は、ハードルが高いと感じる仕事かもしれません。しかし、生徒が喜んでやって来るエキサイティングな場所に生まれ変わる機会ともなります。図書館は、教室にもなれますし、学校全体にとってのラーニングコモンズ(23)にもなれるのです。

図書館が実際にどうのように使われているかと思いを馳せれば、プログラムを増やし、それをさらに効率よくするためのデザインを示す道筋が見えてきます。時間は再生不可能な資源ですが、整備され、使いやすくなった環境をつくれば、教えたり、関係をつくったりすることにもっと時間を使うことができるようになります。

---

(22)（Google Drawings）グーグルが提供している描画アプリです。
(23) 情報通信環境が整い、自習やグループ学習用の家具や設備が用意され、相談係がいる開放的な学習空間のことです。

方針、手順、慣習を見直す

重要なこと、つまり「生徒」にフォーカスしよう

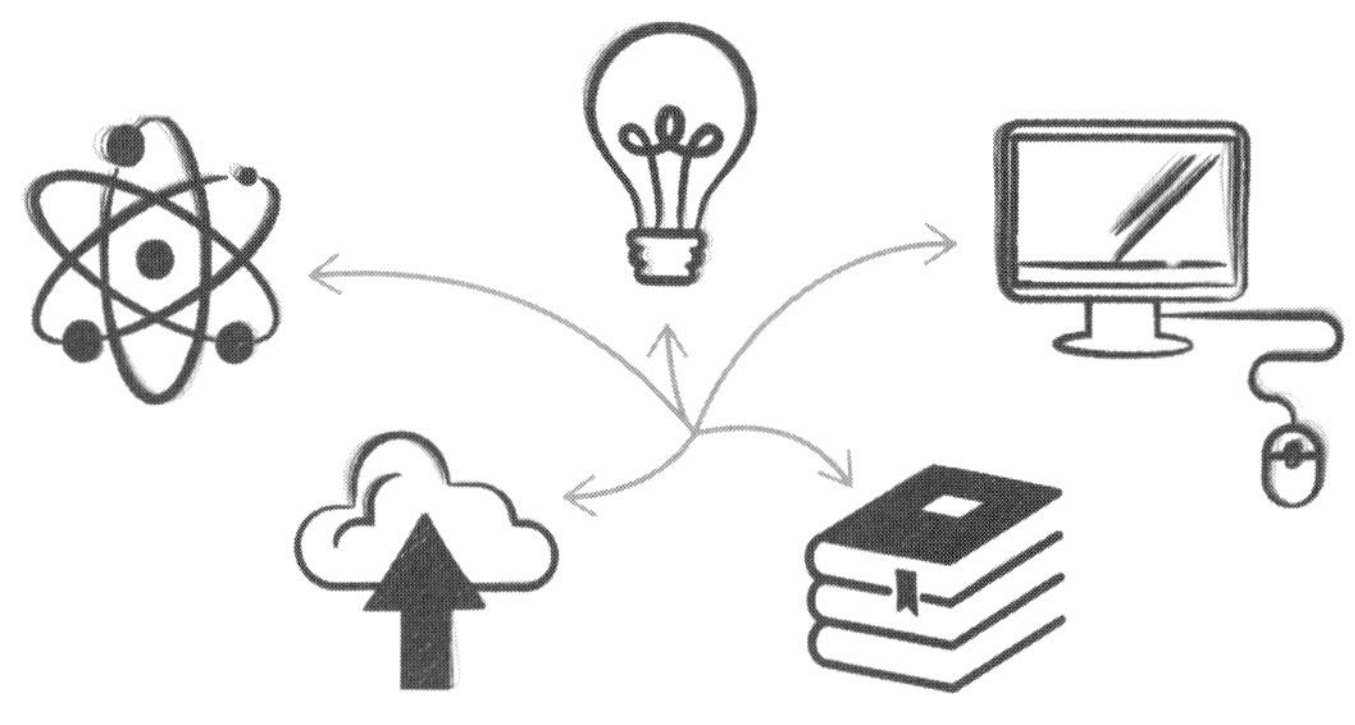

顧客はあなたがいかに頑張ったかでは評価しない。
何を提供できるかで評価する。

（スティーブ・ジョブズ）*

（＊）（Steven Paul "Steve" Jobs, 1955～2011）アメリカの実業家、作家、教育者。アップル社の共同設立者の一人です。

問題──学校図書館員の仕事は多岐にわたる。優先順位をどのようにつければいいのか悩ましい

学校図書館員がいったい何をしているのか、正確に知っている人は少ないでしょう。管理職、教職員、生徒、そしておそらくあなたの家族や友人ですら知らないでしょう。そして、大学で図書館情報学を学んでいたときのあなたも、「知っている」と思い込んでいただけだと思います。

学校図書館員は、プログラム、資料、そして利用者（これがもっとも大事！）のマネジメントも行います。しかし、時には学校図書館の整備業務が、本来業務である「教えること」(1)の妨げになることもあります。学校図書館員はマルチタスクの達人で、環境を整え、さまざまなプログラムをセッティングして生徒を活気づかせつつ、彼らの暴走を抑えるという役目もこなしているのです。複数人が配置されていたり、別のスタッフがいたりする学校図書館員は、チームを組んで教えることができるというラッキーな立場にありますが、おそらく大半の学校図書館員はこれらを一人で行っていることでしょう。

一日の業務が終わったころには、棚に戻すべき本、書かなければならない指導案、授業の計画表が山積みになっていることでしょう。それだけに、時間が節約でき、意味があり、生徒にとって公平なシステムを構築することが重要となります。

ハック――方針、手順、慣習を見直す

あなたは、着任したばかりなので管理職や同僚とはトラブルを起こしたくない立場ですか？　賛同できない方針を前任者から引き継いでいませんか？　それとも、あなたはベテランの学校図書館員で、過去二〇年間、仕事のやり方を変えていないような人ですか？　それなら今こそ、目の前の生徒のために学校図書館のプログラムをアップデートするべく考えはじめるときです。

まだ仕事に慣れていないからとか、かつてはこのように行われていたとか、そういったことは考えないことです。「座って静かに」の時代はすでに過去のものなのです。今日の図書館は活気ある学びの場となっており、生徒たちが声を出して意見を交換することを促す必要があると同時に、ほかの教職員や管理職と協働する関係をつくりあげることが必要な時代なのです。

手はじめに、言い尽くされた「そうだね、でも……」というフレーズから見直してみましょう。常連の利用者に対して、実際は「ノー」と言っているのに「イエス」を使っていませんか？「い

(1)　アメリカにおける「学校図書館員」は、一般に「図書館員」と「教職」の修士以上の資格保持者のため、「教えること」も本来の業務として認識されている場合が多いです。

いですよ。でも、一回に二冊借りられるのはあなただけの特権ですからね」、「開いています。でも、放課後は閉館です」、そして「借りられますよ。でも、その前にデューイ十進分類法[2]を知らなくては」などです。

こんな古い言い回しは捨て去って、もっと効果的な方法はないかと考えてみましょう。代わりに、「そうだね、それで（どうすればいいと思う？）」とか「そうだね、それじゃ、（こんなのはどう？）」といった言い方にしてみてはどうでしょうか？　すべてはそこからはじまります。

そのほかに、あなたと生徒にとってよい方向に変えられることは何でしょうか？　必要な環境を提供するために、新しい方針と手順を考えましょう。そうすることで、学校図書館をすべての人が行きたくなる場所に変えることができます。

学校図書館は単なる場所ではない。学校図書館はサービスなのだ。そして、生徒は我々の顧客である。いい経験をすればするほど、彼らは何度でもやって来るようになる。

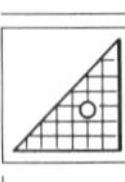

あなたが明日にでもできること

運営方針を共有する――自分と学校にとってもっと大切なことを反映した運営方針を掲げましょ

う。運営方針はあなたの学校図書館の目的そのものであり、意思決定の指針となるものです。これによって図書館プログラムの方向性が明確になり、図書館に何が期待できるのか、図書館があると何がいいのかについて、大切な利用者に知ってもらうことができます。

校内の目立つ場所に図書館の運営方針を掲げれば、学校における図書館の重要性と学校図書館員の役割をみんなに知ってもらうことができます。また、それによって実りのある会話が生まれやすくもなります。

延滞ペナルティーをやめる――延滞金[3]や貸出冊数の制限といった規則を見直しましょう。そうした規則を続けるだけの正当な理由はありますか？　もし、ないのならば、生徒が期限内に本を返却しないことにこだわるのはやめましょう。ほかに読みたい人がいる場合にだけ、メールやメモで返却リマインダーをわたすようにするのです。大した混乱もなく、速やかに貸出延長がされるか返却されるはずです。

本をなくしたり、読めないほど汚した場合にだけ弁償してもらいましょう。発注の手間を省きたいのなら、地元の書店で同じ本を購入してもらうようにすればいいでしょう。ひょっとしたら、

（２）書籍等の分類法の一種です。日本での一般的な分類法は「日本十進分類法」となっています。
（３）日本の学校図書館では、本の返却が遅れた場合に延滞金というペナルティーを課すことはほとんどありません。

お金を払えない生徒がいる場合もあるでしょう。そのときは、相当する一定時間の読書をしてもらったり、友だちに勉強を教えたりするなど、「活動」という対価を支払ってもらうというのはどうでしょうか?

オンライン・カレンダーでスケジュール管理をする——学校図書館の利用が計画に基づいたものであるにせよ、フレキシブルなものであるにせよ、図書館の年間活動計画をオンライン・カレンダーに掲載するようにしましょう。今後の予定を知らせ、資料やスタッフがもっと必要だとみんなに理解してもらうためにも掲載することが重要となります。

図書館利用を計画しているときには、試験期間や職員会議のための閉室を知らせるものとしてオンライン・カレンダーが利用できます。オンライン・カレンダーは場所と時間を問わずにアクセスすることができるので、ウェブやメールでの共有にも適しています。管理職や事務職員もアクセスできるようにしておけば、緊急事態の場合にどのクラスが図書館にいるのかがすぐに分かります。

生徒や保護者とコミュニケーションをとる——学校図書館は単なる場所ではありません。学校図書館はサービスそのものです。そして、生徒は私たちの顧客なのです。彼らは、学校図書館でよい経験をすればするほど何度でもやって来るようになります。

「リマインド」[4]や「ブルームズ」[5]のアプリを使って、生徒の年齢にあわせた情報を提供しましょう。たとえば、返却期限のリマインド、新着図書の案内、レポートの締め切り、イベントの告知、コンテストに関する詳しいQ&Aなどです。夏休み中もコミュニケーションができるので、読書意欲を高めることにもつながります。

違いに敏感になる——現代の社会は、文化、宗教、ジェンダー、言語、経済における多様性をますます尊重するようになってきています。自分たちの違いに気づくことからはじめましょう。たとえば、イスラム教徒は、ラマダンの時期には日の出から日没まで断食をしなければなりません。そのため、イスラム教徒の生徒はランチタイムにカフェテリアにはいづらいと思うかもしれません。学校図書館は、こうした生徒の避難場所にもなります。

生徒と話すときや生徒について話すときは、ジェンダー上の区別のない言葉[6]を使うようにしま

（4）（Remind）https://apps.apple.com/jp/app/remind-school-communication/id522826277　学校関係者に対して、リアルタイムにメッセージを送ることができます。

（5）（Bloomz）https://www.bloomz.net　学校関係者が、生徒や保護者とテキスト、動画、画像を使ってコミュニケーションができます。

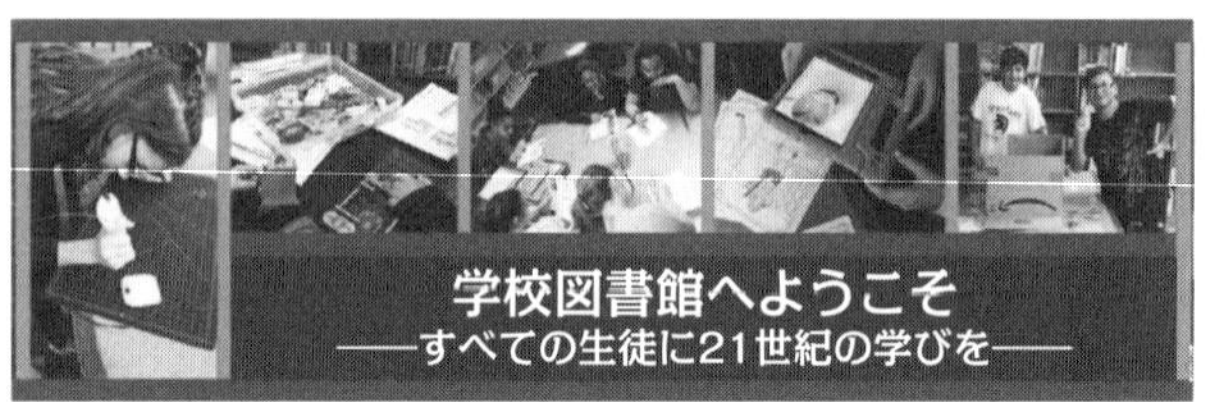

図書館で私たちは

・互いを尊重し、助けあい、親切にします。

・互いにベストを尽くせるように励ましあいます。

・協力し、協働します。

・21 世紀のスキルを伸ばします。

・それぞれの興味を追求します。

・グローバル・コミュニティーに参加します。

・適切なディジタル・シティズンシップの訓練をします。

・知識を実生活に活かすようにします。

・地域に貢献するプロジェクトに参加します。

・体験を通して学びます。

・お互いが成し遂げたことを称えあいます。

・情報源に気を配ります。

・アイディアを共有し、質問しあいます。

方針を目立つところに掲げると、学校図書館が大切にしていることを示すことができる

しょう。男子、女子といったグループ分けは避けて、誕生日や誕生月、名前のアイウエオ順などで分けるのです。インクルーシブであるように、みんなが歓迎されていると感じられるようにしましょう。そうすれば、生徒は学校図書館を避難場所と考えるようになります。

完全実施に向けての青写真

ステップ１　学校図書館オリエンテーションを印象的なものにする

学校図書館員のもっとも大切な仕事の一つに、新入生とその保護者に向けたエキサイティングな図書館オリエンテーションがあります。これまでやったことがなかったとしても、これが重要なことに変わりはありません。

「ブレイクアウト・エデュ」(7)というゲームを使って、みんなで体験的な経験ができるようにしましょう。クイズをつくって、解き進めることで図書館の蔵書やサービスが分かるようにするのです。たとえば、開館時間についての簡単なクイズを図書館オリエンテーションで生徒に解かせる

（6）「students」、「scholars」、「everyone」、「children」などです。

ようにするのです。クイズを解くことで、新規の利用者が図書館のサービスと手続きについて学ぶことができます。

「ブレイクアウト・エデュ」は、新入生に図書館の利用法を教えたり、学校開放の日に保護者に対して図書館を紹介する場合にとても有効です。これを使えば、利用者が増えることは間違いありません。

ステップ2　カッコいいウェブサイトをつくる

学校のウェブサイトを開いたとき、どこにも学校図書館が出てこないことほど残念なことはありません。ウェブサイトは飛躍するための出発点、つまり学びのコミュニティー(8)全体にとっての情報源なのです。しかし、学校のウェブサイトにおいて学校図書館が活発なものはなかなか見かけません。(9)

図書館のサイトは、教師と生徒のニーズの高まり

「ブレイクアウト・エデュ」は、コラボレーションと課題解決の機会をつくる

に対応するために、常にアップデートしなければなりません。運営方針、利用規則、メールアドレス、その他のコンタクト情報は必須です。ディジタル・リソース（オンライン目録、データベース、電子書籍）へのリンクとともに、調べるためのハンドブック、学校の課題に役立つページやパスファインダー(10)、公共図書館や地域にある専門機関へのリンク、スクリーンキャスト教材(11)が必要です。また、週毎や月毎のニュース、おすすめアプリやウェブツール、メイカースペースの利用情報、おすすめ本とその紹介や著者についてのリンクなども共有しましょう。

（7）（Breakout EDU）生徒が協力して謎を解きながら、カギのかかった箱を開けるというゲーム（いわゆる脱出ゲーム）です。https://www.breakoutedu.com/ には、さまざまなキットが用意されています。キットの実物は、https://www.youtube.com/watch?v=9IRL_P3hp9w を参照にしてください。

（8）教師が教科書を教える場といった閉じた学校イメージではなく、生徒が主体的に学んだり、他者とともに協働して学んだりするという、新しくてダイナミックな場であるというイメージをもってもらうために、あえて「学びのコミュニティー」という用語を使っています。その範囲は、地球規模にまで広がっています！

（9）学校図書館のウェブページビルダーで人気があるのは、「LibGuides」、「Weebly」、「Wix」、「GoohleSites」、「Adobe Spark」です。

（10）特定のテーマや分野を調べるときに役立つ資料や調査方法などを案内するものです。

（11）コンピューターの画面に音声を入れたりすることで作成した動画教材のことです。

本文で紹介されているアプリの説明

スィングリンク（Thinglink）画像の好きな部分をクリックするだけでリンクの設定ができます。https://www.thinglink.com

タッチキャスト（TouchCast Studio）録画画面にウェブや地図を自在に反映できます。https://www.touchcast.com

テレポート 360エディター（Teleport 360 Editor）360枚の画像をアップロードすることで、バーチャル・リアリティのストーリーをつくることができます。https://apps.apple.com/jp/app/teleport-360-editor/id1206374231

スピークパイプ（SpeakPipe）ブラウザーから直接音声を吹き込むことができます。https://www.speakpipe.com

スクリーンキャスト・オー・マティック（Screencast-O-Matic）簡単に動画撮影と編集ができます。https://screencast-o-matic.com

これらを見て、生徒は図書館に行こうと思うはずです。図書館の予約状況カレンダーと、教師のために「コラボレーション申し込み書」もぜひ載せておきましょう。

クールなウェブサイトをつくって、生徒に「いいね！」と言わせましょう。生徒が「スィングリンク」アプリで写真にタグを付けたり、「タッチキャスト」アプリで動画をつくって、共有できるようにするといったことはどうでしょうか？　また、「テレポート　360エディター」アプリでインタラクティブストーリーをつくるというのもいいですね。さらに、「スピークパイプ」を埋め込んで、ウェブを見た人がボイスメッセージを残せるようにするというのはどうですか？　質問に答えたときの、彼らのリアクションを想像してみてください！

このような形で、データベースや電子書籍の使い方を「スクリーンキャスト・オー・マティック」を使って示してみましょう。図書館のウェブサイトに動画をアップして、リンクを張って教職員と共有するようにしてください。動画をウェブサイトに載せることで、図書館のさまざまな制約を解除することができればさらに素敵です。

ステップ3　サクサク動くマシンのように

生徒を巻き込めば巻き込むほど、学校図書館のプログラムはスムーズに進むようになります。クラス毎ではなく、生徒がフレキシブルに来館する場合は、生徒の来館記録として「記録ノート」[12]や「グーグルフォーム」[13]を使うと便利です。年次報告に載せる利用統計をインフォグラフィックで示すことができるようになります。

大人として、子どもたちにロールモデルを示す責任があります。「こんにちは」、「お願いしま

---

(12)　(GoogleForms.) グーグル社が提供しているアンケートアプリです。https://www.google.com/intl/ja/forms/about/

(13)　視覚化された情報のことです。詳細は一八八ページを参照してください。

す」、「ありがとう」を言うなどの最低限のマナーを思い出させるような掲示物を図書館の入り口に掲げて、学校全体で習慣化しましょう。声を張りあげるよりも、手を叩く、チャイムを鳴らす、タンバリンをちょっと叩くなどのほうが好ましいですし、呼び鈴やワイヤレスのドアチャイムを導入するというのもいいでしょう。

また、セルフの「貸出コーナー」も設けましょう。自分に任されているということを実感して、生徒は貸し借りができる「権限」を楽しみます。これには、あなたの仕事が少し軽減されるというメリットもあります。

期限内に本を返してもらえるように、ポイントカードを導入しましょう。ポイントが貯まったら、ステッカーやハンコなど、ちょっとした賞品をもらえるようにするのです。また、さまざまなソフトウェア[14]を使ってクラスの運営面をゲーム化しましょう。生徒は自分の行動に責任をもつようになり、どのような選択が成功に結びつくかを知るようになります。学校図書館で生徒が偉業を成し遂げる瞬間をつくること、これを習慣化しましょう。

もし、生徒から卒業アルバムにサインを頼まれたら、そのお返しに、図書館のロッキングチェア、ブックカート、日誌などに「サインをして」と頼んでみてください。こうしたものは、あなたがリタイアするときにとっておきの宝物として残りますし、何よりも、このような働きかけが学校図書館に生徒を呼ぶことにつながります。

ステップ４　学びを評価する

学びの評価を、授業の前、間、終了後、いつどのように行っていますか？　メールやＳＮＳテキスト、「ツィッター」の形式で書き込める出口チケット[15]のような、簡単な振り返りの方法を使ってみましょう。また、生徒にホワイトボードに書き込んでもらったり、「はい／そう思います」、「いいえ／そう思いません」、「分かりました！／助けが必要です」などのサインを挙げてもらったりする方法なども考えられます。

オンラインの出口チケットの場合は、「パレット」や「フリップグリッド」などで答えてもらうようにするといいでしょう。生徒は、「スィーソウ」で自分の学びを記録することができます[16]。

---

(14)　たとえば、ClassDojo（https://www.classdojo.com/ja-jp/?redirect=true）やClasscraft（https://www.classcraft.com）などです。

(15)　（exit ticket）授業の終わりに学習した内容をどのように理解しているか確認するために、生徒が書く簡易な振り返り用紙です。チケットとあるので、できるだけ小さな紙を使うのが大事です。教師は、生徒のニーズにあわせて、その後の授業内容を調整するなどに役立てます。さまざまなテンプレートが用意されています。

(16)　（Paletto）日記をつけるためのアプリです。Google PlayやApp Storeでダウンロードできます。（Flipgrid）動画による双方向コミュニケーションができるアプリです。https://info.flipgrid.com。（Seesaw）アメリカの学校で広く使われている学習アプリです。https://web.seesaw.me。そのほか「Kafoot」、「Quizlet」、「Quialize」、「Nearpod」、「Socrative」、「Plickers」などのアプリなどもよいでしょう。

このような振り返りを見ると、生徒が学校図書館と学校図書館プログラムについてどのように考えているのかが分かり、プログラムをどのように改善したり、合理化したりするかといったときの参考になります。

ステップ5　開館時間を延ばす

家庭によっては、図書館という文化とは無縁の生活を送っている人たちがいます。問題の一つは、既定の開館時間中に図書館に行けないということです。管理職に掛けあって、月に一度は開館時間の延長をしましょう。保護者が学校に来るのが分かっている面談期間やＰＴＡの集まりのときなどがいいでしょう。そのときには、生徒と家族がコンピューターを使ったり、本が借りられるようにするのです。

そのような機会に、生徒は家族に対して自分のテクノロジー・スキルを披露することができます。「全米優等生協会」[17]のメンバーになっている生徒に、必要に応じて生徒の弟や妹の面倒を見てもらいましょう。子育て、職業、進学に関する情報を提供すると同時に、家族で楽しむコーナーをつくったり、ゲームナイトや親子読書クラブなどを開催したりしましょう。また、大学生に来てもらって、大学出願書類や願書の書き方を手伝ってもらうという企画も考えられます。

いずれにしろ、家からもデータベースにアクセスできることを保護者に知ってもらいましょう。

そのためにも、面談期間やＰＴＡの集まりといった機会をうまく利用するのです。

「夏休みの学力低下」を防ぐために、その期間に楽しむための本を貸し出すと効果的です。学会などでもらったさまざまなバッグを提供することで、生徒は本や資料をそのバックに入れて家に持ち帰ることができます。そして、夏休み中も一回か二回は開館しましょう。生徒は読み終わった本を返して、新しい本を借りることができます。従来の規則をちょっと曲げるだけで、これまでにないほど生徒のニーズを満たすことができるはずです。

あなたのゴールは、学校図書館をプロモート[18]し、学校全体にとってより使いやすい図書館をつくることだ。単に、古いやり方を踏襲することではない。

（17）中学の「The National Junior Honor Society：ＮＪＨＳ」と高校の「The National Honor Society：ＮＨＳ」があり、大学にもいくつかの組織があります。①人間性（Character）、②学業成績（Scholarship）、③リーダーシップ（Leadership）、④奉仕活動（Service）の四項目について優秀であるという証拠を提出し、審査を通ることで会員になれます。会員になると、進学や就職に有利になるばかりでなく、その名誉は一生涯続くことになります。

（18）単に宣伝するだけではなく、その進歩や成長に貢献するという意味があります。

課題を乗り越える

教師や管理職が長年にわたって守ってきた伝統的な方針を変えようとするときには、乗り越えなければならない課題が突きつけられることを覚悟しましょう。変革の噂を聞きつけた人から、次のようなコメントが寄せられることが考えられますが、あなたの達成目標は学校図書館をプロモートし、学校全体にとってより使いやすい図書館をつくることです。単に、古いやり方を踏襲することではありません。

課題1 「延滞金は生徒に責任ということを教えるために必要だ」

延滞金は、借りた本の更新や返却を忘れたことに対する懲罰にすぎません。それが理由で、お金が払えない生徒は二度と本を借りようとはしません。延滞金は学校図書館のイメージを悪くします。返却を促すほかの方法を考えましょう。

そして、本の循環を活発にすることで、読書そのものを促すのです。本が返ってくるよりも、読者が返ってくることのほうがはるかに重要です。紛失や汚損の際にだけ、弁償してもらうようにしましょう。

課題２　**「図書館教育は主要な科目ではないし、保護者が知りたいことではないだろう」**

図書館教育は主要な科目ではないかもしれません。けれども、学びのコミュニティーにおいてはハブ（拠点）となるべきものです。

保護者には、学校図書館プログラムのサポーターになってもらう必要があります。そのためにも、図書館がもっている多くの情報を保護者に知らせ、教育するべきなのです。保護者は学校の重要な関係者ですから、図書館に招いて、そのことを提唱するべきです。

課題３　**「学校図書館は、一部の生徒だけにアピールすればよい場所だ」**

もし、これが事実なら、変えなくてはなりません。学校図書館はすべての生徒のためのものであり、図書館に興味をもっている生徒が少ないとしたら、図書館だけの責任ではなくて、学校全体のプログラムに欠陥があると考えてもよいでしょう。

玄関やホールでＰＲしましょう。生徒に本、イノベーション、テクノロジーに興味をもってもらいましょう。学校図書館員の使命は、図書館は一部の生徒だけのためのものだという思い込みを打ち砕くこととなります。

実際にハックが行われている事例

クリスティーナの場合

二三年に及ぶ教職経験の末、私（クリスティーナ）は遂に自己複製の術を身につけました。ほかのクラスだけでなく、家にまでも教える場所を拡張する方法を見つけたのです。秘密兵器となったのは「グーグルクラスルーム」(19)です。

今年は、学校図書館のウェブページに情報をアップする代わりに、「グーグルクラスルーム」のなかに、リサーチに役立つ情報を集めたクラスルームを構築しました。現時点で、八五〇人の生徒（全生徒の半数以上）が登録しています。

情報リテラシーの授業では、各生徒に修正しなければならない文書のコピーが配られます。そのため、授業はより双方向のやり取りが可能になり、生徒は学びの当事者になることができています。学校にいる多くの教師が「グーグルクラスルーム」を使っているので、生徒はフォーマットに慣れていて、ディジタル学習で期待されることもよく知っています。

教師には、生徒と図書館のグーグルクラスルームを共有するように促しています。また、グーグルクラスルームで簡単にティーム・ティーチングの申し込みができるようにしていますので、いつでも学校図書館資料を提供することができます。特別支援教育とＥＳＬ（英語を外国として学ぶ生徒たち）の教師は、このシステムの有効性をすぐに理解しました。どのようなリサーチスキルの学習が必要かすぐに分かるからです。また、大人数のクラスのときは、生徒がコメントできないように設定を変えるといいでしょう。

あなたの教育委員会が「グーグルクラスルーム」のための「G Suite for Education program」を採用していない場合は、「Edmondo」、「Schoology」、「Moodle」、「Blackboard」、「Haiku Learning」などのシステムを検討してみましょう。数々の賞に輝く「MackinVIA」のディジタルコンテンツシステムもおすすめです。ログイン一つで、学校図書館の配信、データベース、オーディオブック、電子書籍すべてのディジタルコンテンツを視聴し、利用し、管理することができるからです[20]。

---

(19)（GoogleClassroom）https://edu.google.com/intl/ja/products/classroom/?modal_active=none
グーグルが提供している生徒の学習と指導を管理するツールです。

(20) いずれもＬＭＳ（Learning Management System）学習管理システムです。「Edmondo」https://new.edmodo.com/、「Schoology」https://www.schoology.com/ 「Moodle」https://moodle.org/、「Blackboard」https://www.blackboard.com/ja-jp、「Haiku Learning」http://www.haikulearning.com/ 現在は、こちらに飛びます。「Unified Classroom」https://www.powerschool.com/solutions/unified-classroom/school-lms/

ヒルダの場合

「何かを計画する場合、すべての準備を整えてからはじめようとしたり、起こりうる障がいを予測しようとしたりしがちですが、重要なのは手順です。それで構成が決まるからです」

このように語るのは、作家で講演もこなす大学教授のヒルダ・ワイズバーグ（Hilda Weisburg）です。

新人だったあるときヒルダは、聴覚障がいクラスで歯擦音満載の絵本（"Cecil the Seasick Sea Serpent"）を読み、特別支援学級では色がテーマの絵本（"Little Red and Little Yellow"）を読むという間違いを犯しました。対象年齢の点から言っても、その選択は適切なものではありませんでした。ご存じのように、聴力障がい者は歯擦音（しさつおん）が聞き取りにくいのです。また、特別支援学級にいる大半の生徒は色盲だったのです。

ヒルダは新人のころ、この経験から貴重な学びを得ました。そして、シンプルな、必ず踏む手順を決めたのです。

「その日から、授業計画を立てる際は、ホールでの立ち話やメールでもいいから事前に教師に確認するようにしたのです。この方法で、すべての生徒のニーズにあった資料を選ぶことができるようになりました」

学校図書館員は古いルールを遵守するのではなく、プログラムをもっとも大切な顧客、つまり生徒のニーズにあわせなくてはなりません。ニーズにあわせれば、生徒の学ぶ力は伸び、生徒が学校図書館にまた来ようと考えるようになるのです。

方針、手順、慣習を見直すことが必要です。昔ながらの埃っぽい学校図書館を一新して、否定的なイメージを取り払い、すべての生徒を受け入れることができる設え（しつらえ）に変え、利用者を第一に考え、自分の時間を有効に使い、常連となる利用者を増やし続けるために、ぜひ見直してください。

生徒、教職員、保護者、管理職を図書館活動に参加してほしいと誘うことや、テクノロジーとアプリを使うことで、すべての学校関係者が来たい、学びたいと思えるような、活気のある「学びのハブ」を学校図書館につくりだすことができます。

「図書館工房[*1]」をつくる

すべての生徒に、体験を通した学びの楽しみを提供しよう

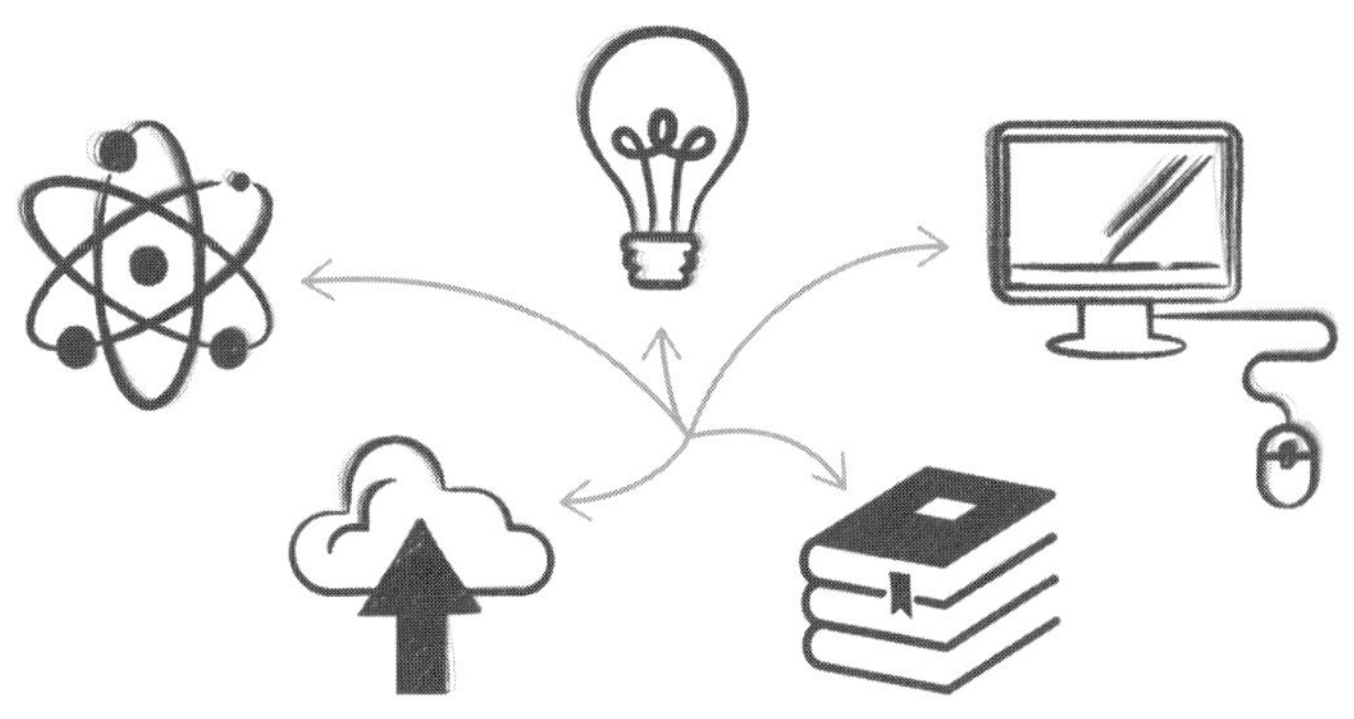

最高のメイカースペースは頭の中にある。

（ギャリー ステイジャー）*2

（*1）原書では「LIBRATORY」（Library と Laboratory とを合わせた造語）となっています。このハックは、日本で取り組まれているところはまだ少ないですが、学校図書館内に3D プリンターを設置している例（工学院大学付属中学高等学校 https://www.js.kogakuin.ac.jp/schoollife/fabspace.html）や、学校図書館に隣接した空き教室などを活用して取り組みだしているところもあります。これから注目される活動と言えます。

（*2）（Gary Stager）作家・メイカー。ステイジャーは、33年にわたって、世界中の教育者がコンピューターを活用するための支援をしてきました。冒頭の文章は、2015年6月の〈American School Board Journal〉において、最新のメイカーの動向について語ったものです。著書については、『作ることで学ぶ――Maker を育てる新しい教育のメソッド』（阿部和広監修、酒匂寛訳、オライリージャパン、2015年）を参照してください。

問題点――読むことを楽しめない生徒は学校図書館に価値を見いだせない

現実を認めましょう！　読むことは、生徒にとって「イケてない」ことなのです。読むことによって想像力を身につけたり情報を得たりすることができますが、一部の子どもにとっては（大人にも？）、それはとても困難なことです。彼らにとって「読むこと」とは、章や段落、そして言葉を読み解くことができない、理解できない、と思い知らされることなのです。

図書、美術、音楽、そして体育などの専科は、「自分らしくなれる」時間や場として特別なものと思っており、それを楽しみにしている生徒が多いものです。しかし、その価値を見いだせない生徒にとっては特別な授業ではありません。

学校図書館は、すべての生徒が自分の興味関心を追求できる場所であるべきです。そうなることで、生徒は図書館に繰り返しやって来るようになります。さらに、公共図書館へ足を運ぶための後押しともなります。学校図書館がすべての人に寄り添い続けていこうとするのであれば、多種多様なリソース(1)をもつ必要があることを再認識しなくてはなりません。

学校図書館員は、すべての生徒のために、資料の内容とその活用との間をつなぐ必要があります。学校図書館は、本を収集したり保存したりするだけの場所ではなく、生徒が対話でき、コミユニケーションやコラボレーションすることができる動的な場所でなくてはいけません。生徒はみんな、自分の長所を伸ばして短所を克服するためのスキルを磨くチャンスに出合う権利をもっています。すべての生徒がスタンダード（到達目標）を満たし、生涯学習者になることを支援するために、図書館内に「つくる文化」を形成していきましょう。

ハック――「図書館工房」をつくろう

文明社会から離れて暮らしていないかぎり、「メイカースペース」について耳にしたことはあるでしょう。ひょっとしたら、ブログや本をたくさん読んだり、メイカー関連の教育者をＳＮＳでフォローしたり、オンラインセミナーやワークショップに参加したりしていませんか？　元気づけられて自分も取り組みはじめようと思うか、メイカースペースはうまくいきそうにもないという恐怖心で固まってしまうか、どちらかに分かれそうですね。

（1）　学校図書館におけるリソース（resources）とは、単に「蔵書」だけでなく、提供しうるすべての情報資源のことを意味します。情報にかぎらずモノや人も含まれます。本書では、適宜「リソース」、「資料」、「資源」という訳語を使っています。

訳者コラム　探究・問題解決型学習にかかわる流行語

- **プロジェクト学習**（project-based learning）――プロジェクトの形で、問題解決を図ることで学習します。
- **プロブレム学習**（problem-based learning）――実際にある問題を解決するプロセスを通して学習します。
- **パッション・プロジェクト**（passion projects）――生徒たちが自分たちで企画し、実行するプロジェクトです。
- **20パーセントの時間**（20-percent time）――仕事時間の20パーセントを自分のプロジェクトに使うという、グーグル発のアイディアを応用した方法です。
- **ジーニアス・アワー**（genius hour）――生徒が自分の情熱を探究し、教室での創造性を奨励する運動です。https://geniushour.com/ を参照してください。

新しい学び方・教え方については、『教育のプロがすすめるイノベーション』（ジョージ・クーロス／白鳥信義他訳、新評論、2019年）、『あなたの授業が子どもと世界を変える』（ジョン・スペンサー／吉田新一郎訳、新評論、2020年）、『退屈な授業をぶっ飛ばせ！』（マーサ・ラッシュ／長崎政浩他訳、新評論、2020年）を参照してください。

教育界には、「プロジェクト学習」、「プロブレム学習」、「パッション・プロジェクト」、「二〇パーセントの時間」、「ジーニアス・アワー」などの、探究・問題解決型学習にかかわる流行語がたくさんあります。このようなものが山積しているため、目まいを起こしそうになるのも無理はないでしょう。そして、「体験を通した学び」にそんなに時間をかける価値があるだろうか、と思うかもしれません。

結局のところ、あなたは学校図書館[2]の司書であって、STEMの教師ではないということなのでしょう。

とはいえ、「つくること」は最近はじまった現象ではありません。人類が二足歩行をはじめて以来、道具を使い、モノを操ることは生存するうえにおいて不可欠でした。狩りのために武器や道具をつくったり、狩猟のあとは洞窟の壁に絵を描くために時間が費やされてきました。

一〇〇年前、アメリカの哲学者ジョン・デューイ（John Dewey, 1859～1952）は、学習は私たちの生活に関連する実践的なライフスキルを含むべきであり、学校は、「単に、将来必要となると考えられる生活に、抽象的で、遠い関連性しか見いだせない科目を学ぶ場所ではなく、直接的な経験を通して学ぶ子どもの居場所となる」必要があると述べました。また、デューイと同時代を生きたイタリアの幼児教育学者のマリア・モンテッソーリ（Maria Montessori, 1870～1952）は、構造化されていない[3]遊び、コラボレーション、コミュニケーションを通じて、自分の知識をつくりあげる自由を生徒に与えるべきだ、と考えていました。

そして、その数年後、スイスの心理学者ジャン・ピアジェ（Jean Piaget, 1896～1980）は、「遊

（2）「ステム」と読みます。「Science（科学）」、「Technology（技術）」、「Engineering（工学）」、「Mathematics（数学）」の頭文字です。近年、この分野の教育の重要性に注目が集まっています。これに「Art（芸術）」を加え、STEAM（スティーム）教育も提唱されています。

（3）教師が過度に準備をしていない、という意味です。

びは、新しいものが生まれる方法とは何か、に対する答えである」と述べました。

これらのビジョンは、工業化が子どもらしさを奪うと考えられはじめていた時代、子どもの認知能力と社会的能力を発達させるためには「遊び」が必要であるということを指摘するものです。これは現在でも真実ですし、「遊び」や「つくること」は、私たちの指導プロセスに取り入れなくてはならないものなのです。

幸いなことに私たちは、その方法を一から考えだす必要はありません。すでに土台となるものは発明されていますし、まさに今、使い方を学んでいるところだからです[4]。

生徒は（時には、私たち自身も）、「なぜ、これを知る必要があるの？」とよく言います。そこでとどまらず、どうしたら「もっと」学べるのかについて、生徒が私たちに尋ねはじめるようにすべきです。学ぶための基礎を生徒に与え、学びを私たちのものではなく彼らのものにすると、「どうしたらもっと学べるか？」と尋ねるようになります。

そのためには、現実世界のなかで実践的に探究・問題解決することが

体験を通して学ぶために必要なものと時間を、生徒に提供する必要がある。そのためにふさわしい場所と時間が提供できるのは、校内最大の教室である「学校図書館」なのだ。

学べるように、体験を通して学ぶために必要とされるものと時間を生徒に提供する必要がありま す。言うまでもなく、もっともふさわしい場所と時間を提供できるのが、校内最大の教室である「学校図書館」なのです。

「つくること」は普遍的です。文化、政治的な傾向、宗教的信念、性別、年齢、社会経済的な背景、言語、能力、または環境といったものに縛られません。メイカームーブメント(5)は流行ではありません。何かつくったり、体験したりして学ぶことは、文字や情報リテラシーのスキルに取って代わるものでもありません。メイカースペースをつくることは学びに一段階特別なレベルが加わることを意味しますが、そのレベルは、生徒が喜んで受け入れるものなのです。「つくる文化」を築くことによって、学校図書館員はすべての生徒にアピールするプログラムをつくりだすことができるのです。

---

(4)「遊び」と「つくること」のニーズは、一〇〇年前よりも今のほうがはるかに高いです！　この点に関して興味のある方には、『遊びが学びに欠かせないわけ』（ピーター・グレイ／吉田新一郎訳、築地書館、二〇一八年）がおすすめです。

(5)　メイカーとはあらゆるモノづくりをしている個人を指すもので、『ロングテール』の著者として知られるクリス・アンダーソンが世界的な「メイカームーブメント」について提示しました（『ＭＡＫＥＲＳ―21世紀の産業革命が始まる』クリス・アンダーソン／関美和訳、ＮＨＫ出版、二〇一二年参照）。

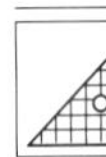

あなたが明日にでもできること

ともかくやってみよう――正しいマインドセット（考え方）を身につけましょう。「making」は動詞です。これは、イノベーション、問題解決、創造性、忍耐力、クリティカルな思考力を刺激するマインドセットなのです。(6) (7)

学校図書館で「つくる文化」を促進しようとするなら、柔軟でオープンな考え方からはじめなければならないでしょう。たくさんの材料や部品を用意し、生徒が自分自身で何かをつくりだせるようにする必要があります。その思考プロセスこそが、基礎的な能力を伸ばすためにひと役買うのです。

高価でハイテクな機器を提供する必要はありません。創造性を発揮して材料を用意し、初めてのことに挑戦して、学ぶための安全な環境を整えましょう。そのマインドセットがなければ、メイカースペースは物品や小物が置かれた単なる博物館になってしまいます。

ローテクでいろいろなモノをつくりだしてもらうために計画を立てて、生徒が既成概念を超えて考えられるように促しましょう。ダンボールの筒、新聞、ボトルキャップなど、家庭からリサイクル可能な材料を持ち込みます。これらを、臨機応変、持続可能性、倹約の事例にしましょう。

もちろん生徒にも、学校図書館のメイカースペースをつくるために役立つモノを持ってくるように依頼してください。

消耗品は購入しましょう。ボックスカッター、段ボール工作キット、コードレスの電動カッター、バッテリー式グルーガン、バッテリー充電器、充電式バッテリー、ハサミなどの工具にはお金を使ってください。画用紙、クレヨン、パイプクリーナー、さまざまな肌の色の人形など、すべての生徒が使える材料も用意しましょう。生徒と一緒に発展させることができ、生きた環境となるように学校図書館のなかで「つくる文化」を育ててください。

生徒の作品を展示する——満点をとったテストをお父さんが冷蔵庫に貼ったときや、幼稚園のときに粘土でつくった花瓶をお母さんが使ってくれたときに感じた誇らしい気持ちを覚えていますか？　生徒のなかにはほめてくれる人がいない場合もあるので、彼らの応援団になってください。

（6）新しくて、より良い何かを創造する考え方のことです。詳しくは『教育のプロがすすめるイノベーション』（前掲、新評論）を参照してください。

（7）よく「批判的思考」ないし「多角的思考」と訳されますが、批判的／多角的に考える部分は多くて三分の一から四分の一ぐらいしか占めません。より多くは「大切なものを選びだす力」と「大切でないものを排除する力」が占めています。

生徒の作品を図書館の天井からぶら下げたり、展示コーナーに置いたりして披露するのです。

本棚やテーブルの上に作品を展示し、生徒の情報と展示物の説明をインデックスカードに書き込みます。作品の写真を撮り、外の廊下に展示して好奇心を刺激しましょう。生徒が何かつくったら、それ自体が称賛に値するものとなります。そして、称賛することこそが、彼らがつくり続けることを後押しするのです。

選択肢を提供する――つくるバリエーションはさまざまなので、生徒が創造するために、ノーテク、ローテク、ハイテクな材料などといった多様な選択肢を提供しましょう。また、新しい材料と使い慣れた材料の両方が使えるようにする必要もあります。もし、ロボットを五体購入するなら、同じもの五体ではなく、五種類のロボットを購入しましょう。そうすれば、生徒は各ロボットの長所と短所を比較するグループワークをして、お気に入りのロボットを決めることができます。

ディジタルでつくる場合には、生徒が選べるようにアプリやウェブサイトを事前に集めて、「メイカー・メニュー[8]」としてつくっておきましょう。メニューには、プログラミングの方法、映画の作成ツール、仮想現実（ＶＲ）や拡張現実（ＡＲ）の案内なども入れておきます。選択肢を提供することで、自立したメイカーになれるようにするのです。さらに、メイカー・メニューを家に持ち帰って、自分で学習を続けられるようにしてください。

専門家を招待する——学校図書館に専門家を招待するといった毎年恒例のイベントまで待つ必要はありません。生徒に知識や経験を共有してくれる人を見つけるために、手芸用品店、大学、企業、製造工場、さらには病院などとの関係を築きましょう。また、さまざまな人生の歩み方をしている人々に生徒が触れられるように、コミュニティーとの関係も築きましょう。

自転車の修理、調理、縫製などの、実用的な生活スキルに特化したプログラムの開発を検討してみてください。こうした多様な分野で協力者を得れば、あなた自身とともに生徒を成長させることになります。

クラブや授業と協力する——学校図書館を「図書館工房」に変えると、図書館内にメイカースペースをつくる以上のことができます。言うまでもなく、学校のなかで「つくる文化」を促進することになります。校種（小中高）に関係なく、あなたと協力したくてウズウズしている人たちがいるはずです。場所、リソース、知識を紹介して、一緒に働けるように関係を築いてください。

（８）ストップモーション・アニメ（一コマごとに撮影してつなぐ手法）やグリーンスクリーンも含みます。

たとえば、学校の主要教科、その他の専科、すでに行われている体験を通した学びについて知り、それらを教えている教師に補足資料やディジタル資料の提供をお願いしてみましょう。また、消耗品のカートをつくったり、生徒が授業で出された課題を続けることができるエリアを明確に示したりしましょう。さらに、学校内のロボットチーム、工作・手芸クラブ、ゲーム・クラブ、園芸クラブ、生徒会を招いて、図書館でミーティングが開けることを伝えてもいいでしょう。

生徒なら誰でも参加できるメイカー・クラブの設立を、管理職にもちかけてみてください。そうすれば、生徒は自らの興味関心を追求できるようになります。つくりだすことは包括的な活動ですが、目的に応じた違いを大事にすることも必要です。

教師が教室で使うために、STEM（ステム）とリテラシー

「私は受け取るだけの人ではなくメイカーです」という用紙は、生徒が自分の学びを振り返るのを助けるだけでなく、展示したり、ソーシャルメディアに使ったりする際に役立つ

メイカー・メニューは、生徒に多様な方法や形式の選択を提供する

関連のツールを搭載した可動式メイカースペースをつくることもできます。そこには、授業で扱うテーマを補足する材料や本なども入れておきましょう。たとえば、ケネックス[9]のセットと橋に関する本、紙と折り紙の本を持ち運び用のキットの中に入れるのです。生徒が家族と一緒に自宅で使えるように、同じような教材を入れた「ＳＴＥＭとリテラシーのカバン」をつくることもできます。

そして、生徒には、ジャーナル[10]やブログに振り返りを記録してもらうように頼み、翌日の授業やクラブで共有するようにしましょう。

完全実施に向けての青写真

ステップ１　計画を立てよう。ただし、詰め込みすぎないこと

一日行動を起こして、学校図書館のなかで「つくる活動」をはじめたあとは、時間をかけて振

（9）（K'Nex）プラスチック製の棒状のものを組み立てる、学習おもちゃの一種です。
（10）日誌あるいは日記。ライティングスキルを上げるとしてアメリカの学校では推奨されています。

り返り、再調整をしましょう。メイカースペースがどのように活用されるといいのかなど、方向性を決めるために生徒たちの助けを借りて運営基本方針を作成しましょう。しかし、基本方針は生徒の興味、時間、新しいリソースやテクノロジーの利用に応じて変わる可能性があることを頭に入れておきましょう。

メイカースペースを計画することは、同じケーキを焼くためにみんなが同じレシピを利用することとは違います。ほかの学校図書館員が成功した活動をそのまま取り入れたとしても、自分の生徒にとってはふさわしくない場合があります。柔軟性が重要です。たとえば、レゴウォールを設置するための部屋はないかもしれませんが、本棚の両側面に小さなレゴウォールのような場所をつくることはできるのです。

今ある図書館のことだけでなく、明日以降も成長できる方法を検討してください。その際、収納を考えることがもっとも重要な要素となります。多様なサイズの箱、フック、さらに引き出しなど、さまざまな収納用品を使って場所を最大限に活用して効率化を図りましょう。

メイカースペースが成長することを見越して、今後の購入計画に関する基準をつくり、お金と時間を賢く使うようにしてください。さまざまな年齢と学力の生徒に適していて、生徒がさまざまな方法で利用できるリソースをきちんと購入しているかどうかについて確認しましょう。もちろん、生徒に成長と挑戦の機会を提供することを主眼にして購入するようにします。

メイカースペースに備えるものは、創造性を刺激し、学びを新しい方法で行うことを促すものでなければなりません。予算内で賄う場合は、費用対効果（生徒の利用）という側面から判断します。新しいアイテムをメイカースペースに取り入れるときは、継続性を考えて、それが適切であり続けるか、時間が経過しても生徒の興味を喚起し続けるかどうかについて検討してください。

また、ハイテク製品にはメンテナンスの必要と運用コストがかかりますので、修理代や消耗品が必要になる場合があります。ハイテク製品を購入する場合は、教育者向けの製品やリソースを扱っているだけでなく、メンテナンスもしてくれる会社を優先するようにしてください。

もっとも重要なことは、生徒の興味や方向性によって、あなたのアイディアが年度半ばに変わる可能性もあり得るということです。そのため、新しいアイディアと購入のための計画と予算については、柔軟性を保ち続けなくてはいけません。

ステップ2　手、心、頭で「つくること」を進めよう

目的があるとき、「つくること」[11]はとくに意味をもちます。生徒に目的を与えるよい方法は、「サービス・ラーニング」[12]に関するプロジェクトを開始することです。学校図書館に「お助けカート」を取り入れ、生徒が地域のプロジェクトに参加することを検討してください。これは、生徒が地域や世界とつながる際に役立ちます。

シンプルにはじめましょう。地域の人たちに読書への関心を喚起するために、ペイント見本、リボン、穴パンチ、マーカー、ステッカーを使って生徒が栞（しおり）をつくるというのはどうでしょうか。敬老の日、文化の日、勤労感謝の日などに、地域の人向けに感謝するカードをつくるというのもいいですね。きれいな色のテープをペンや鉛筆に巻きつけてつくった造花[13]は、「ちょっとした思いを込めた」贈り物になります。これらの小さな親切のアイディアは、生徒の自信や自立、他者に対する共感を培うのに役立ちます。

「お助けカート」は、「地域や世界、自分を変える」プログラムに参加するよいきっかけとなる。（訳者補記・「自分を変える」[Make a Difference]とは、行動を起こすことで、その前後では違いが出てきて、ひいては人生や世界が変わっていくという意味があります。）

　地元の動物保護施設にいる犬のために、古いTシャツを、枕やおもちゃ、そして「私をペットにして」と書かれたバンダナに変身させることもできます。「センディング・スマイルズ[14]」という非営利組織は、生徒がデザインできる空白のポストカードを送ってくれますし、送料なしでカードを返送するパッケージも同封されています。これらのカードを使って、がんや病気、さまざまな状況と闘っている子どもたちに希望のメッセージを書くことができます。

ほかにも、たくさんのメイカー・プロジェクトがあります[15]。これらは、生徒にスキルを教え、学びに励むよう刺激するプロジェクトであるほか、地元に還元できる活動ともなっています。

ステップ3　特別な支援が必要な生徒や英語（日本語）を母語としない生徒を招待しよう

「つくること」は世界共通の言語です[16]。ですから、特別な支援が必要な生徒や英語（日本語）学習者が仲間として参加する機会もつくりましょう。たとえば、作業療法的にプログラミング思考

(11) サービス・ラーニングとは、社会貢献活動を通じて、市民性を学ぶことです。日本でもキャリア教育の一環として職場体験を一週間程度実施しているところがありますが、サービス・ラーニングはそれがもっと長いことと、ほかの教科との関連で捉えられていることが大きな特徴となっています。
(12) （Kids Kindness Kart）生徒がサービス・ラーニングに参加するために必要なリソースと、簡単な指示が備えられたカートのことです。
(13) 鉛筆でつくる造花については、ＱＲコードの映像が参考になります。
(14) 「sendingsmiles2sis.com」https://sendingsmiles2sis.com/を参照してください。
(15) 原書にはたくさんのプロジェクトが紹介されています。たとえば、感動する言葉を岩に書いて残す「The Kindness Rocks Project」、義手を組み立てたり3Ｄプリントをしたりする「e-Nable」や「LimbForge」、戦争や貧困などの課題に直面している子どもたちの肖像画を描く「Memory Project」などです。
(16) 音楽や数学が世界共通の言語であるのと同じように、必ずしも言葉を介さなくても通じるという意味です。

を取り入れるならば、ブロックを並べながらゲームのプログラミングができる「ブロクセル（Bloxels）」や、パズルで遊びながらプログラミングの概念を知ることができる「ターリング・タンブル（Turing Tumble）」を使うことができます。「ケネックス（K'Nex）」や「電脳サーキット（Snap Circuits）」[17]など、認識しやすいように色分けされた学習材を提供して、すべての生徒が言葉の障がいなしに科学について学ぶことができるようにします。

ラベルが文章とイラストで表記してあるかどうかを確認して、生徒が読み取る能力を伸ばせるようにしましょう。一部の能力が異なる生徒にとっては、メイカースペースはチームの一員と感じられるきっかけになるかもしれません。

また、メイカースペースのツールを使うためには、他者と協働する能力とコミュニケーションスキルを発揮しなければならないので、メイカースペースが生徒のソーシャルスキルを鍛えることにもなります。学校図書館を「図書館工房」に変えることによって、本でいっぱいの埃っぽい場所が、生徒が楽しんで、成功する場所になるのです。

ステップ4　触れる博物館をつくろう

いかなる年齢の生徒でも、本物に触れることで学習体験を豊かで魅力的な学びに変えることができます。歴史、理科、芸術、音楽、その他の科目において触ってもよいモノに出合えるようにすると、生徒の学習意欲は湧きあがります。また、さまざまな人の物語に自らを当てはめて理解するとき、事実と数値はリアルなものになるのです。幼稚園や小学校低学年で、「ショー・アンド・テル」(18)をした日のことを忘れる人はいないでしょう。このような簡単な方法が、物語を話すこと、プレゼンすること、聞くこと、さらに質問することに関するスキルの大切さを裏づけています。

モノづくりに対して高まる関心を利用して、使い古された電気器具の「検死」と「解剖」を行うことで新しい命を吹き込むことができます。不要な器具を分解できるようにして、器具が動いている仕組みについて生徒が学べるようにしましょう。フリーマーケットに行ったり、不用品交換の広告を見たり、リサイクルショップを歩いたりして、分解などを

(17)　プロクセルについてはhttps://edu.bloxelsbuilder.comを、ターリング・タンプルについてはhttps://www.turingtumble.comを、電脳サーキットについてはhttps://www.elenco.com/snap-circuits/を参照してください。日本では、「電脳サーキット」、「スナップサーキスト」の名称で販売されています。

(18)　(Show-and-tell) モノを見せながら、それについて語る活動のことです。

触れる博物館をつくって、錆びたタイプライター、カセットプレーヤー、カメラを展示すると、技術的な発明についての授業を、学習意欲に満ちたひとときに変えることができる。

するためのビデオデッキ、ミシン、スライド映写機、おもちゃを探しましょう。これらの器具を展示することで、好奇心旺盛な生徒を惹きつけることができます。

錆びたタイプライター、カセットプレーヤー、カメラは、技術的な発明についての授業を学習意欲に満ちたひとときに変えることになるでしょう。古いモノがガラスの容器に入れられた状態で保管されている場所（つまり博物館などです！）は、どこにでもあります。触れる博物館をつくってこのようなモノを提示すると、会話が変わり、まったく異なる方法で学ぶ機会を提供することになるのです。

ステップ5　デザイン思考[19]と探究を促進する

デザイン思考のプロセスを取り入れた活動は、メイカースペースを体系的なものにします。デザイン思考では、問題に直面している人を念頭に置きながら問題

授業での取り組みを補うデザイン思考のプロジェクトを学校図書館で提供するために、教師と協力する

解決する方法を模索することになりますので、探究が進むにつれて、科学的手法が解決の方法として具体的に結びついていきます。これは、形式と機能が融合した状態です。

デザイン思考の活動、授業、単元を提案しましょう。デザイン思考は、生徒が問題を探究し、過去の解決策を評価し、独自のアイディアを思いつくという情報リテラシーのスキルを発展させる際に役立ちます。従来のサイエンスフェア[20]を補完するようなデザイン思考のプロジェクトをつくる場合には、理科の教師と協力しあいましょう。

ステップ6　学校のイベントを企画する

学校で「つくる文化」を促進するために、さまざまなイベントを開催することができます。校

---

(19) デザイン思考は、今では一般的に「共感→問題定義→アイディアの創造→試作→テスト」の五つのステップで行われるものと理解されていますが、そこに至る過程には長い時間がかかりました。これを学校に取り入れた試みに興味のある方は、『あなたの授業が子どもと世界を変える』（とくに第7章、前掲、新評論）および現在翻訳中の『デザイン思考で学ぶ（仮題）』を参照してください。英語での情報は、DesignThinkingforEducators.com、Ideou.com、Extraordinaires.com で得られます。

(20) 科学的手法を使用して仮説を検証することに力点が置かれた生徒たちによる研究発表会のことです。興味のある方は、「サイエンスフェア」で検索するか、『だれもが〈科学者〉になれる！——探究力を育む理科の授業』（とくに第8章の「子ども探究大会」）を参照ください。

訳者コラム　さまざまなコンテスト

「リサイクルソン」——リサイクルとマラソンの掛け合わせた言葉であり、一定の期間中にリサイクルできるものを見つけていくというイベントです。その重量を計測するコンテストなども行っているようです。https://www.usm.edu/news/2014/release/recyclethon-competition-underway-southern-miss.php

「国際段ボール・チャレンジ」——（Global Cardboard Challenge）段ボールを使って何かをつくるコンテストです。本文にも紹介されているケイン・モンロイが９歳のときに段ボールでゲームセンターをつくったことがはじまりで、ケインのつくったゲームセンターの最初のお客だった映画製作者のニルバン・ムリックは、30分間の短編ドキュメンタリー映画『Caine's Arcade（ケインのアーケード）』を2012年４月９日にリリースしています。

「牛乳パック工作コンテスト」——牛乳の紙パックで作品をつくるコンテストのことです。Made By Milk については、https://madebymilkcontest.com/ を参照してください。

庭の花壇や壁画の作成は、学校を美しく飾るために役立ちます。同時に、生徒と教師が共通の目標に向かって一緒に取り組む機会を与えることになります。「リサイクルソン」を開催して、環境の持続可能性と保護を広めていくというのはどうでしょうか。生徒は、段ボール箱、トイレットペーパー、ペーパータオルの芯、牛乳の紙パックを集めることで、毎年開催される「国際段ボール・チャレンジ」、または「牛乳パック工作コンテスト」にも参加できます。

「国際段ボール・チャレンジ」は、当時九歳であったケイン・モンロイ（Caine Monory）からインスピレーションを受けた活動で、毎年一〇月に開催されています。ケイン・モンロイは、段ボールとリサイクル可能な材料を使って、父親のガレージにゲームセンターをつくりました。これは「イマジネーション」[21]が主催する、世界規模の取り組みやすいコンテストです。賞品はありませんが、生徒に、お互いがかかわりあう機会や国際社会に貢献する方法を示すことができます。

生徒が「牛乳パック工作コンテスト」のために牛乳やジュースの紙パックを保存するようになると、学校の用務員さんはゴミがかなり減ったことに気づくはずです。このコンテストでは、毎年秋、五〇〇〇ドルの大賞、一〇〇〇ドルの小学校賞と中学校賞などを競います。

また、募金活動をしたい場合は、学校で「ゴミのファッション・ショー」を開催して、新聞、スナック[22]の袋、キャンディの包み紙などから生徒が服やアクセサリーをつくるのを手伝ってあげてください。

---

(21)（Imagination.org）子どもたちの創造性と起業家精神を養うことを目的に全世界で活動しているNPOです。詳しくは、https://imagination.org/ を参照してください。

(22) ほかにも、ガムテープと想像力だけで一万ドルを競う「Stuck at Prom Scholarship Contest」や「You Can Do the Rubik's Cube」といった融資プログラムがあります。

課題を乗り越える

学校図書館にメイカースペースを設けることは「伝統的な」図書館の捉え方への挑戦であり、今までのやり方を変えることが人々にとっていかに困難で、不快に感じるものであるかについては「ハック2」で説明しました。「つくること」は図書館のもつ「多くの目的」の一つであることを説明して、この否定的な考えを克服してください。

管理職、教職員、そしてもっとも重要なサービス対象である生徒には、図書館が置き換えられるのではなく、むしろ強化されることを知ってもらう必要があります。

課題1 「生徒には、体験を通して学ぶ活動に参加できる機会を学校生活のなかで提供しているよ。それでも、さらに図書館でプログラムをする必要があるのかな?」

学校図書館は、生徒がより制限の少ない環境でともに学び続けることができる場所です。自分のペースで作業して、学校の課題を完了することができますし、独自の興味を探ることもできます。

図書館では、教室で行うよりも多くのリソースにアクセスすることができます。また、生徒を導いて、学習を円滑に進める手助けをする学校図書館員もそこにいます。そうした探究のスキルを、生徒自身が何かをつくりだす際に応用することが大切なのです。

課題２　「カリキュラムに関係のないことをする時間はないよ」

生徒が身につけるクリティカルな思考力と問題解決のスキルが、情報分析とその活用にどのように役立つかについて説明しましょう。私たちは全員同じチームに所属しており、生徒が自立して考える人へと成長できるように全力を尽くしています。学校図書館員とSTEM（ステム）の教師が協力することで、豊かでダイナミックな学習活動を生徒に提供することができるのです。

ＳＴＥＭと学びのスタンダード（国や州、あるいは各団体のスタンダード）をまとめた印刷物およびディジタル資料を収集することで、カリキュラムを実現する方法が見つかるかもしれません。「全米遊び研究所」[23]が出している社会的・感情的成長における遊びの大切さに関する資料もぜひ共有してください。

---

(23)　(National Institute for Play)　他者の表情やしぐさなどから感情を測り、他者への思いやりや気遣いなどの社会的能力を身につけること。http://www.nifplay.org/ 日本語での情報は、前掲した『遊びが学びに欠かせないわけ』（築地書館）がおすすめです。

課題3 「一過性のトレンドかもしれないのに、メイカースペースづくりに時間をとられたくないなぁ」

「メイカースペース」は、確かに最近の流行語かもしれませんが、その背後にある教育哲学は（探究・問題解決型学習と同じで）時代を超越しています。

今、私たちには、未来に生きる生徒を育てる必要があります。社会は急速に変化していますので、次にどのような技術進歩が起こるか分かりません。生徒が現実の世界に備えていくこと、そしてテクノロジーの進歩にあわせて変化し続ける柔軟性を身につける必要があるということを認識しなくてはなりません。

授業を強化し、生徒にとって意味のある材料とリソースを、時間をかけて購入してください。急いで最新機材を購入リストに追加しないでください。生徒の話に耳を傾けてください。もっともよく使っているものは何か、またどのように使っているのかなどをよく観察してください。そうすれば、楽しくて機能的なメイカースペースをつくることができます。

ハックが実際に行われている事例

トーニャの物語

「『イマジネーション支部』[24]のリーダーになったことで、教育の考え方すべてが本当に変わりました」と、メディア・コーディネーター[25]のトーニャ・フレッチャーは言います。約二〇か国に一〇〇を超える「イマジネーション支部」があり、共通の目標は子どもの想像力と起業家精神を育成することです。

トーニャは、組織のなかでの自らの立場を活用することでフランクリン小学校（ノース・キャロライナ州マウントエアリー）を、体験を通した学びに導きました。それは、創造的な遊びを通して学習を強化するものでした。

「とても簡単に、世界中の教育者と専門家の素晴らしいネットワークにアクセスできました」

(24)「国際ダンボール・チャレンジ」の成功を受けて、二〇一四年に発足した世界的なボランティア組織です。https://imagination.org/our-projects/imagination-chapters/

(25) ノース・キャロライナ州の学校図書館員の正式な呼び名は「図書館メディア・コーディネーター」と呼ばれています。そのためのライセンスもあります。

スティーブ・オースランダー先生の生徒から「ミステリー・スカイプ」[26]を使いこなすスキルを教わり、南アフリカのスティーブ・シャーマン先生を介して、NASAの科学者とバーチャルに会うことまで行いました。トーニャの生徒は、さまざまな「イマジネーション支部」のリーダーとのつながりから恩恵を受けたということです。

「私の支部には、五〇〇人以上のフランクリン小学校の生徒が参加しています。私たちは、メイカー、ティンカー[27]、エンジニア、デザイナー、アーティスト、科学者、発明家、プログラマー、読書家、そして『マインクラフト』というゲームのプレイヤーで構成されているグループです。毎週金曜日に学校で会合を行う五年生のクラブがありますが、すべての生徒がさまざまなつくる活動の恩恵を受けています」

「イマジネーション支部」は、ロボットのプログラミングや「ループ・ゴールドバーグ・マシン」[28]の作成などの活動に毎週かかわっています。年ごとに開催される「国際発明家・チャレンジ」[29]や「国際段ボール・チャレンジ」などのイベントは、生徒が外国のグループとつながる機会を増やします。トーニャの生徒二人は、二〇一六年の「国際発明家・チャレンジ」で特別賞を受賞しました。そして、学校で初めて「段ボール・チャレンジ」を行ったあと、生徒の両親や祖父母らが、段ボールのアーケードゲームを自宅でつくり続けている子どもの写真をトーニャに送ってきたのです。

ます。

「創造性、革新、協働、問題解決、粘り強さ、デザイン思考、グローバルなつながり……。段ボールが子どもたちの生活にこんな違いをもたらすなんてびっくりです」と、トーニャは語っています。

ヘザーの物語

「学校図書館にメイカースペースを設けて、ずっと望んでいた伝統的な図書館からの脱却ができました」

こう語るのは、ペンシルベニア州にあるハーシー中学校の元学校図書館員ヘザー・リスターです。新しくて居心地のよい空間であるにもかかわらず図書館は、本を貸し出し、コンピューターを使用する場所とだけしか見なされてきませんでした。図書館を訪れるほとんどすべての人は

---

(26) パソコンとインターネットさえあればSkypeを使って、世界中どこにいる相手とも画像と音声でやり取りすることができるコミュニケーションプログラムです。詳しくは「ハック９」をご覧ください。

(27) 「ティンカリング」とは、家財道具を修理して回った流しの修理屋（ティンカー）を語源として、さまざまな素材や道具、機械を「いじる」ことを指しています。

(28) ＮＨＫ放映の『ピタゴラスイッチ』の装置のような、簡単な動作をわざと難しくして動かすようなからくりのことです。アメリカのマンガ家であるルーブ・ゴールドバーグ（Rube Goldberg）が発案したものです。

(29) （International Inventor's Challenge）https://inventorschallenge.org を参照してください。

「常連」と見られ、貸出冊数が多いにもかかわらず、一部の生徒にしか図書館はアピールしていませんでした。

「図書館を魅力的なものにする方法を探していました。生徒が図書館に来さえすれば、提供できるすべてのものが見せられるのに、と思っていました。メイカースペースは、図書館が読書やコンピューター利用以外のさまざまな機会を提供できることを示すための架け橋でした」と、ヘザーは言います。

　ハーシー中学校のメイカースペースは、ほぼ完全にローテクなリソースからはじまりました。その理由の一つは、組織的につくっていきたかったからです。

「クラスの委員長を決めるための七年生の演説が、メイカースペースの発端になりました」とヘザーは述べ、冗談混じりに次のように付け加えました。

「ご想像のとおり、この生徒は、『もしも選出されたらレゴウォールをつくる』と言ったのです。彼を失望させるわけにはいかないですよね」

　学校でのメイカースペースのアイディアは、生徒とスタッフにとって新しいものだったので、テキサス州のリアンダー・インディペンド教育委員会の学校図書館員であるコリーン・グレイヴス氏とのスカイプを計画しました。生徒は、他校のメイカーである生徒に質問をしたり、すでにメイカースペースを構築した人たちから、お気に入りのプロジェクトやツールについて学んだりしました。

「学校図書館についてとても刺激的なやり取りができたので、生徒はそのことを家に帰って保護者に話したのです。すると、コミュニティーではあらゆる面で私たちをサポートする用意がすでにできていて、かつ熱心だったのです」と、ヘザーは述べています。

ある生徒のアイディアからはじまったものが、メイカースペースをつくる学校全体の取り組みとなりました。また、メイカースペースをつくることがコミュニティーづくりの方法になり得ることも証明されました。

学校図書館でメイカースペースのプログラムを確立することとは、図書館を本や読書の場所としてのみ見ている（ことによっては図書館に足を向けない）生徒や教職員との関係を築くという素晴らしい方法となります。メイカースペースが新しい利用者を惹きつけることになり、そしてその利用者が、図書館が提供しているほかのサービスにも気づいてくれることになります。このような新しい観点から、あなたがＳＴＥＭ（ステム）の委員会に参加して、リテラシーと探究のつながりをサポートすることもできます。

メイカースペースは、時間の経過とともに変化する可能性がもちろんありますが、生徒を教育することや、可能なかぎりもっとも自然な形で学習できるようにするという点において、存在し続けるはずです。

ハック4

学校図書館で生徒リーダーをエンパワーする[*1]

生徒を育む環境と経験の場をつくろう

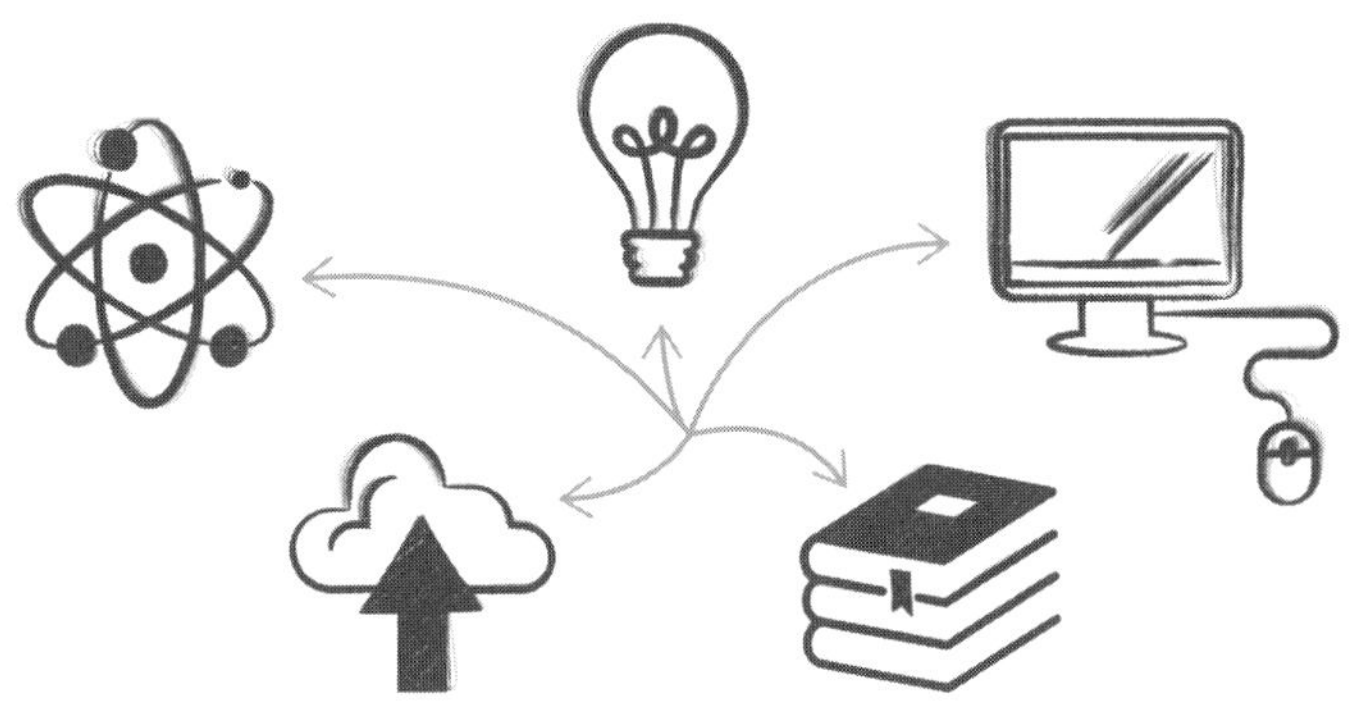

リーダーシップと学びは補完しあう関係にある。

（ジョン・F・ケネディ）[*2]

（＊1）「empower」ないし「empowerment」は、「力を与える」や「権限を委譲する」と訳されることが多いのですが、本来は「人間のもつ本来の能力を最大限にまで引き出す」ことなので、本書ではこの訳語を使います。

（＊2）（John Fitzgerald Kennedy, 1917～1963）第35代アメリカ大統領。

問題――生徒は、生産的でエンパワーされた市民というよりは受動的な顧客だ

教室で生徒は、「座って聞く」ことを求められすぎています。しかし、生徒にはそれぞれ得意不得意があり、どこまでも成長するだけの余地があります。そして、リーダーシップをとるだけの能力があるにもかかわらず、そのチャンスに恵まれない生徒と学校図書館員は毎日のように出会っています。

学校図書館員は、生徒が受動的な役割に甘んじるのではなく、リーダーシップを発揮できるようにエンパワーしなくてはなりません。何といっても学校図書館は、生徒がリーダーシップを発揮できることを学校にいるみんなに披露するのにぴったりの場所なのです。

ハック――学校図書館で生徒リーダーをエンパワーする

生徒のリーダーシップをエンパワーする機会は、学校図書館のさまざまな場面で提供することができます。生徒をエンパワーすれば、図書館プログラムにも生徒の視点が入り、さらに素晴ら

しくなるはずです。彼らに、やってもらうだけです！

たいていの場合、生徒は何かをＰＲする方法や、プログラムをもっとよくするためのアイディアをもっているものです。新しいテクノロジーをすぐに使いこなしてしまうような生徒は、ツールに不慣れな図書館利用者を助けることができます。リーダーシップを発揮することによって、生徒の人生は大きく変わります。その経験が、大人になっても使い続けるスキルを形成するからです。また、図書館内での日常活動においても生徒が責任をもてる範囲が広がりますし、学校図書館員は生徒に任せた分、ほかの仕事に力を注げるようになります。

まずは、生徒を知ることからはじめましょう。時間はとられますが、それだけ得るものが大きいのです。折りに触れて生徒と雑談して、彼らが興味をもっているもの、大好きなもの、将来の夢について話を聞きましょう。

自分のことについて話すことは誰でも大好きです。とても引っ込み思案の生徒でもそれは同じです。話を聞けば、すぐに生徒の秘めた力に気づくことでしょう。

常連の生徒のことが分かってきたら、次にすることは、リーダーシップが発揮できるように、エンパワーする対象生徒を見つけることです。彼らを、必殺仕事人、お助け人、助言者、広報担当に育てましょう。あなたがファシリテートして教えるときは、一歩下がって、生徒に指揮を執ってもらうようにします。あとは、生徒の勢いを持続させるだけです。

図書館や学校で生徒がリーダーシップを発揮するようになると、相乗効果でそれが広がっていきます。あなたの役割は、生徒がリーダーシップを発揮できるように積極的にサポートすることとなります。

リーダー!を見つけたら、彼らを教え育てましょう。また、ボランティアを募り、本の整理と配架の方法を教えましょう。コンピューターなどの電子機器の再起動、アップデート、維持の仕方を教えましょう。リーダーに、「学校図書館のメイカースペースでほかの生徒を手伝って」と頼んでみましょう。3Dプリンターやバーチャル・リアリティー、さまざまなコンピューターソフトをすぐに使いこなしてしまう生徒が結構いるものです。

彼らがリーダーシップを発揮できるだけの役割を図書館で与えて、輝いてもらうというのはどうでしょうか。テクノロジーの古さやメイカースペースのツールについて彼らが不満を言ったら、ここぞとばかり、「図書館に新しいものを買ってほしいという要望書を校長先生に出してみるのはどう?」と生徒に提案してみましょう。

このような取り組みを通して、生徒は問題を探って、適切な解決法を

プログラミング、ゲーム、音楽、スピーチなどの分野で才能がある生徒を探そう。昼休みや放課後、学校図書館で彼らにその才能の一端を見せてもらうのだ。そうした生徒主導の機会をつくったら、生徒、教職員、管理職、保護者にも見に来てもらうようにしよう。

提供するためのプロセスを学ぶことになります。想像してみてください。生徒が書いた要望書が通って、図書館に新しいテクノロジーが導入されたらどんなことになるのか！

さまざまな発表会を設けるというのもいいですね。プログラミング、ゲーム、音楽、スピーチなどの分野で才能がある生徒を探しましょう。昼休みや放課後に、その才能の一端を彼らに見せてもらうのです。そのような生徒主導の機会をつくったら、生徒、教職員、管理職、保護者にも見に来てもらうようにしましょう。さまざまな生徒の声（意見）を取り入れたプログラムを行うことによって、図書館の視野は広がり、外部の人たちは図書館が学校を活性化する拠点だと認識するようになります。

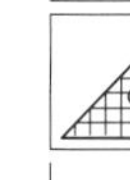

あなたが明日にでもできること

資料購入リクエストを生徒につくってもらい、公表する——学校図書館の資料購入希望リストづくりをする際に生徒の力を借りて、図書館づくりに彼らを参加させましょう。選書したいと思っている生徒は想像以上にいるものです。リクエストのすべてにこたえることはできませんが、生徒に意見をもらうことや生徒による選書が図書館にとってどれだけ大事かを彼らに伝えることは、彼らをエンパワーするための大きな一歩となります。また、リクエストが通って、その資料を発注書に記入する様子を見せると生徒のやる気は増すでしょう。

生徒を大人として扱い、図書館づくりに参加してもらうことで、自分が価値ある重要な存在だと感じるようになります。リクエストされた資料が発注されたことを、生徒に知らせることも忘れないようにしましょう。そして、その資料がすぐに届くことも知らせましょう。

学校図書館員が顧客を大切に扱うように、素晴らしい利用者サービスを提供すれば、生徒がそのことをすぐに口コミで広げてくれます。こんな方法で生徒の要望を受け入れてくれる場所は、学校のなかでは図書館以外にないからです。

書架整理チームプログラムを立ち上げる——常連とされる生徒のなかには、常に図書館の仕事を手伝いたいと思っている生徒がいるはずです。彼らにお願いするぴったりの仕事といえば、書架整理です。志願者が多くなれば担当してもらう部分を増やしていきます。そうすれば、整理する範囲を広げていくことができます。返却された本を棚に戻してもらい、担当する書架が常に整理整頓されているように注意を払ってもらいましょう。

このような生徒は、オウナーシップ(1)をもつ場所が図書館にあることを知って喜ぶはずです。この経験によって、のちのち自分にとって有利になる目標を見つけ、スキルを身につけることができるかもしれません。こうした仕事を担った先輩たちが、地域の図書館で返却本の配架など、初心者向けの仕事を見つけてアルバイトをするといったケースがたくさんあるからです。

学校図書館生徒スタッフの識別サインをつくる――書架整理チームやメイカースペースのお助け人などとして生徒が図書館で活動するとき、自分がかかわっていることを明確にしたいと言いだすかもしれません。

そのときは、写真入りのネームタグをつくって、一般の生徒との差別化を図りましょう。活動中の写真を添えた「書架整理チーム」、「お手伝いチーム」、「図書館改善チーム」などの名札は、生徒がリーダーシップをより発揮できるよい方法かもしれません。

一般の生徒や教職員が、ネームタグを見て質問をしたりすれば、生徒の参加する領域がさらに広がるかもしれません。生徒が参加している様子を管理職や学校関係者がよく見ているということを彼らに伝えるのです。リーダーシップが向上していることが分かれば、彼らの図書館を見る目が変わるはずです。

（１）（ownership）「自分の場所／もの／やり方という意識」をもつこと意味します。その結果、主体性／エイジェンシーを身につけていきます。

学校図書館のＳＮＳで情報を共有することを生徒に認める——図書館にあるiPad のうちの一台を、生徒が使えるインスタグラムアカウント用にします。図書館で起こったことを掲載したいと思った生徒は、その iPad を使って写真を撮り、アップすることができるようにするのです。事前に図書館員のチェックを受ける必要はありますが、それでもインスタグラムを使ったＳＮＳプロモーションを、生徒が中心になって担えるようにします。

この活動を通して、学校図書館員もディジタル・シティズンシップの考え方を生徒たちと共有する機会がもてるようになります。

写真は、生徒向けビデオ会議のプラットフォーム。（訳者補記・生徒だけなく、誰もが動画をつくってグループで見せることができるアプリです。https://static.flipgrid.com/docs/Flipgrid-Remote-Learning-Japanese.pdf）

学校でSNSを活用している教職員は少ないものです。そのような状況のなか、多様なSNSを使いこなせることがいかに有利なことかを生徒がより良く理解できるように支援することが図書館では可能なのです。できるだけよい活動事例を提供して、生徒が図書館や学校で起こったことをSNSで発信することを手助けしましょう。

ディジタルバッジと自己アピールタグ(2)——生徒は、自分がリーダーであることをみんなに知ってもらいたいと思っています。それに、仕事をしてくれる生徒が身につけられるバッジなどを用意するのは簡単です。そうしたアイテムをつけていると、生徒や教職員は図書館でのリーダーが誰なのかがすぐに分かります。さらに、それを見て図書館で働きたがる生徒が出てくるかもしれません。

学校の公式サイトやSNS、あるいは地域のメディアで、図書館で働く生徒たちがどのような貢献をしているのか、そしてあなたが感謝していることを紹介するというのもいいでしょう。

---

(2) ディジタルバッジとは、単なる電子的なバッジというよりも、マイクロ・クレデンシャルと同じように、履修証明として使うことが多いようです。自己アピールタグとは、「達人」など、生徒がやる気になるような褒め言葉が書かれたタグで、首から下げられるようになっています。以下などを参照してください。https://luckylittlelearners.com/brag-tags/。バッジに関する情報は、「Badgelist.com」、「Openbadges.me」、「Credly.com」、「ForALLRubrics.com」、「OpenBadges.org」、「Badgr.com」などのサイトで見つかります。

完全実施に向けての青写真

ステップ1　小さいことでも資格認定する

学校図書館で資格認定のシステムをつくりましょう。授業を受け持っている場合は、よく取り組んだ生徒にバッジや資格認定をわたすようにします。与えられた課題を完了したり、何か優れた点が見られたりした場合にはバッジがもらえるということを生徒に伝えておきます。メイカースペースの道具を使いこなした、リサーチが上手にできた、図書館をうまく利用できたなど、何でもいいのです。

資格認定プログラムを簡単にはじめられる「プログラミングの時間」(3)のサイトはおすすめです。生徒が一時間のプログラミングを完了すると資格認定書が発行され、プリントアウトができます。オリジナルな賞のための賞状もオンラインでつくることができます。

ステップ2　生徒によるICTチーム、学校図書館アシスタント、コーチを編成する

学校図書館員は、専任がたった一人というケースが多いわけですが、生徒に協力を依頼することができます。貸出返却や本を棚に戻す作業を生徒たちは喜んで手伝うはずですし、その様子を

見て、学校図書館で働きたいという生徒も出てくる可能性があります。また、コンピューターコーナーでサポートする生徒も見つかるかもしれません。

メイカースペースで作業することが好きな生徒には、「ほかの生徒に道具の使い方を教えて」と頼んでみましょう。こうしたボランティア経験を通して、生徒は責任感と接客スキルを身につけることができます。年少のときから高校生になるまでにこのような経験をしてきた生徒が、地元の図書館や書店で職を得るかもしれません。

こうしたスキルを活かして働く卒業生を学校に呼んで、生徒たちに話をしてもらいましょう。求人の機会とするのもいいでしょうし、単に興味をかき立てるためでもいいと思います。

学校図書館スタッフの一員として迎えられてエンパワーされている生徒たち

（3）（Hour of Code）多言語で、一時間で完結するチュートリアルが多様に用意されていますので、授業のなかでも気軽にプログラミングが学ぶことができます。https://hourofcode.com/jp を参照してください。

ステップ3　生徒にチューター（講師）やプレゼンターになってもらう

学校図書館に集まってくる生徒は、素晴らしいスキルのもち主である場合が多いものです。特定のソフトウェアに関する知識、プログラミング、ロボット工学など、生徒が興味をもっていることについて語りだしたら、昼休みか放課後に行う図書館セッションでプレゼンターになってほしいと頼んでみましょう。好きな対象に熱くなっている生徒なら、大抵の場合引き受けてくれるはずです。

こうしたやる気のある生徒リーダーなら、図書館「テクスパート」[4]チームを立ちあげ、ＩＣＴに関する疑問に答えるなど、生徒や教職員を助けてくれるようになるかもしれません。

可能であれば、コンタクトがとれるほかの学校を見つけて、ウェブカメラで生徒が知識を伝えあえるようにしましょう。ＡＣＴやＳＡＴテスト[5]で高得点をとった上級生を探して、テスト前に後輩たちに教えてもらうセッションを学校図書館で組みます。地域ボランティアの単位として認められるなど、彼らにインセンティブがあるようにできるかもしれません。

そして、管理職や教職員に昼休みや放課後に図書館が生徒同士の学びの場になっていることを話しましょう。こうした取り組みによって、「学びのハブ」としての学校図書館の価値が高まります。

ステップ4　生徒主体のＴＥＤトーク、ポエトリースラム、エドキャンプ(6)を企画する

学校図書館で活躍するリーダーが定着しはじめたら、もう少しハードルが高い図書館プログラムの実施に移りましょう。昼休みにＴＥＤトークスタイルのプレゼンをすることを生徒にすすめてみましょう。国語やコミュニケーションクラスのなかから有志の生徒を募って、授業で行ったスピーチを図書館でも放課後にしてもらうのです。

昼休みに、やりたい生徒が図書館でポエトリースラムをできるようにしてみるのはどうですか。あるいは、放課後にポエトリースラムの特別企画を立ちあげてもいいかもしれません。また、エドキャンプを放課後や週末に学校図書館で行うこともすすめてみましょう。こうした取り組みの

（4）テクノロジー・エキスパートの略です。

（5）ＡＣＴはAmerican College Test（米国大学入学学力テスト）の略です。ＳＡＴはScholastic Assessment Test（大学能力評価試験）の略です。どちらも、すべての北米大学進学希望者を対象とした標準学力テストで、各大学で合否基準として広く使われています。

（6）（POETRY SLAM）は、ポエトリーリーディングやスポークンワードの競技会で、一九八四年一一月にシカゴではじまったとされています。ポエトリースラムジャパン petoryslamjapan.com を参照してください。一方（Edcamp）は、参加者主導で行われる、教員をはじめとする教育関係者による、教育関係者のための学びの場です。当日、セッションの内容を決める「アンカンファレンス」という手法を用いて参加者が行います。Edcamp Japanedcampjapan.org を参照してください。

主な目的は、主体的に学べる安全な場所を生徒に提供することとなります。

教職員にも協力してもらって、生徒のために機会をつくってもらいましょう。こうしたプログラムに教職員がかかわることによって、図書館とのさらなる協働に結びつくことになります。

課題を乗り越える

生徒をエンパワーすることは、図書館のプログラムと学びのコミュニティーとしての学校の変容を促します。けれども、すべての大人がこのパラダイムシフトに対応できるわけではありません。教職員や管理職から、否定的な意見が出る可能性があります。そうなったときでも、前向きに、生徒のためにやるべきことを推し進めましょう。

変革には時間がかかることを忘れないでください。そして、我慢強く、次に紹介するようなアイディアを参考にして課題を乗り越えてください。

TEDトークスタイルのプレゼンを生徒にすすめてみよう。「ポエトリースラム」や「エドキャンプ」を、放課後や週末に学校図書館ですることもすすめてみよう。

『課題1』「教えることや学校図書館の運営について生徒に何が分かるというんだ？」

生徒は、教わったこと、やらせてもらったことしか知らないものです。生徒が図書館の仕事を手伝うということは、将来役立つたくさんのスキルを学ぶということです。顧客サービス、多様なテクノロジー、資料の整理法、ブックトークの手法、プロモーションテクニック(7)などです。この点を考えてみると、この質問への答えは以下のようになるかもしれません。

「教えることや学校図書館の運営について生徒に教えない、そんなことが許されると思いますか？」

『課題2』「職権濫用する生徒が出るんじゃない？」

リーダーという権限を与えられたことを悪用しようとする生徒がいるかもしれません。悲しいことに、大人のなかにも、責任ある地位を得ると職権濫用に走る人がいます。教育者としての使命の一つは、より良い市民と未来のリーダーを育てることです。生徒にとっては、学校にいる間の形成期に失敗をするほうが、社会に出たあとで失敗するよりもはるかにいいのです。選択を間違えても修正することが可能ですし、失敗から学ぶことができるからです。

（7）四七ページの注（18）を参照してください。

教育者は、職権を濫用する生徒に対して容易に対処することができます。その機会を彼らの学びに活かすのです。間違いを犯すことを見越して、未来のリーダーを正しい方向へと導くために、その間違いを利用するのです。

課題3 「生徒が学んだことをどうやって評価するの？」

リーダーとしての学びの評価には、ルーブリックなど、学校図書館員が自分たちの専門性を評価するときに使う評価方法を利用することができます。リーダーとなった生徒が使えるように、自己評価ツールをたくさん集めて手直しをしましょう。(8)

将来、生徒の学びの証拠として役立つように、リーダーのポートフォリオに含められるようにするといいでしょう。その評価が、将来、助成金、奨学金、職を獲得するのに役立つかもしれません。学期の終わりに、ポートフォリオの評価や推薦書を喜んで書いてあげられるようにしておきましょう。

課題4 「生徒は、ほかの生徒の前でプレゼンをしたがらないよ」

ほかの生徒の前に出たがらない生徒がたくさんいるというのは事実でしょう。しかし、ステージのセンターに立つことが大好きな生徒もいるのです。生徒はそれぞれ違っているわけですから、こういう判断をすべての生徒に適用するのはフェアとは言えません。

プレゼンをしたい生徒にはチャンスを、それが嫌いな生徒には励ましを与えましょう。嫌がる生徒の場合、あまりにも嫌そうだったら、生徒ではなく教職員を相手にプレゼンの練習をしてはどうか、と尋ねてみるのもいいでしょう。なかには、生徒より教職員のほうが話しやすいという生徒もいるものです。どんな場合でも、必ず選択肢はあります。

課題５　「教職員研修やエドキャンプを生徒が効果的にリードするなんてできるの？」

生徒にリーダーを任せるときに、何も教えず放っておくということはあり得ません。生徒がうまくやれるように、私たちがファシリテートし、ガイドしなくてはなりません。ガイダンスなしで生徒をリーダーにすると、大抵の場合失敗に終わります。

生徒のレベルによって、ガイダンスもさまざまなレベルで求められます。得意不得意に基づいてゴールを明確にし、どうなったらいいのかをきちんと伝えるために時間をかける必要がありま

（８）評価および成績の考え方とそのつけ方が、日本とはかなり違います。日本も、テスト重視や内申書的な評価から早く脱してほしいものです。詳しくは、『成績をハックする』（スター・サックシュタイン／高瀬裕人他訳、新評論、二〇一八年）や『一人ひとりをいかす評価』（キャロル・トムリンソン他／山元隆春他訳、北大路書房、二〇一八年）を参照してください。もちろん、最大の癌は入試ですが……。

す。生徒に活動計画と流れをつくってみせるようにと求め、そのプロセスに関与して、必要などきにはアドバイスをします。イベントが終わったら彼らの成功をほめ、関与した生徒全員をしっかり認めるようにしましょう。

実際にハックが行われている事例

ストーニーの場合

リーダーの生徒をエンパワーしているとき、生徒によって、テクノロジーへの好みやこだわり、に違いがあることに気づきました。ある一〇年生の女子生徒は、ロボティクスに熱中しています。八年生と九年生の男子は「マインクラフト」[9]でつくることが好きです。

私たちの高校のＥＡＳＴ[10]クラスにいる一一年生の数人は、３Ｄプリンターとスキャンプロジェクトについて発表したがっていました。そこでＥＡＳＴクラスの一一年生を招いて、八年生と九年生の昼休みに、学校図書館で３Ｄプリンターに関するプレゼンをしてもらったのです。

一一年生たちは、最初は緊張していましたが、みんなが話を面白がって聞いている様子を見て、次第に堂々とした様子を見せるようになりました。終わったときには、「できれば、またプレゼンをしたい」とまで言うほどでした。

その数週間後、教職員、管理職、学校図書館員がメンバーの研究チームが、遠方から我が校の図書館にあるメイカースペースを視察に来ることになりました。そこで生徒たちに、自分が一番好きなメイカースペースのアイテムについて発表してくれないか、ともちかけてみました。すると、ＥＡＳＴのチーム、「マインクラフト」好きの男子たち、ロボティクスの女子がこれに同意しました。

実際、メイカースペースのツアーを大人がやればとても簡単で、自分たちも満足できるのですが、それを生徒にやらせてみようと思ったのです。

結局のところ、学校図書館とそのプログラムは、すべて生徒たちのためにあると言えます。生徒にリーダーをやってもらうことは、考えられるなかで最良の方法だと思います。なぜなら、生徒を挑戦しがいのあることに引っ張りだし、目覚ましい成長へと導くからです。プレゼンを頼んだとき、生徒は興奮しながら「ＯＫ」と言ってくれました。

視察チームが来る前に、すべての生徒チームがお互いのプレゼン内容を紹介しあいました。そ

(9)　(Minecraft) プログラミングも学べるゲームです。
(10)　地域での奉仕活動のサービス・ラーニングとテクノロジーを融合して学びを加速化することを目的とした授業を指しています。

して当日は、全員がメイカースペースのアイテムについて素晴らしい説明と実演を行いました。参加した大人たちがあまりにもプレゼンに感動したので、生徒たちのうちの何人かが、「またやりたい」と言うほどでした。

そこで、彼らのためにさらなる機会を設けることにしました。スカイプを通した他校とのやり取りを行ったのですが、生徒がプレゼンをすることがほかの生徒たちを刺激して、自分のスキルを見せたいと思う気持ちにさせることがよく分かりました。学校図書館員は誰でも、このような取り組みができるはずです。

バーバラの場合

コネチカット州コルチェスターにあるジャック・ジャクター小学校の三、四、五年生は、スキルを習得してディジタルバッジを手に入れるよう奨励されています。学年に応じた「グーグルクラスルーム」を使ったディジタルバッジ・プログラムに取り組ませることで、学校図書館員のバーバラ・ジョンソンは、生徒たちが学校図書館で得たスキルを実際の場面で使う機会をつくったのです。

選択肢が豊富に用意されていたので、何を学ぶかについては生徒が自由に選べますし、自分の考えや起こった問題について自由に意見交換することも可能です。高度なテクノロジーツールと資源を使って生徒たちは問いをつくり、問題を解決していきます。そして生徒は、学年末までに自分の能力を示すディジタルバッジを手に入れます。自己表現、引用、検索、プログラミング、インターネットの安全な利用、メイカースペースの道具を使いこなすなどの能力です。

この取り組みの過程で生徒は、知識の有無ではなく、学ぶことそのものが成長に不可欠なことだと理解します。なぜなら、生徒は自分のペースで学ぶように奨励され、忍耐を学び、難しい場面に差し掛かることがあっても、そのプロセスをほかの生徒と一緒に楽しみながらやり遂げるからです。

バッジを取得ずみの生徒は、今頑張っている生徒に教えたりもします。作業は「グーグルクラスルーム」のなかで完結しているので、生徒はディジタルバッジを担任にも見てもらえるのです。

このように学校図書館と教室が連携することによって、生徒はまた別の活動でそのスキルと知識を使うことができるようになります。バーバラが次のように言っています。

「このディジタルバッジ・システムによって、生徒は内容理解とスキルの上達をより深めていきます。バッジを得るためには何が必要か、正確に知っているのです。ただし、自分が理解したことや習得したことを人に伝える方法については、生徒自身が考えなければなりません」

このようにしっかり構成されたプログラムを通して、学ぶことにオウナーシップをもった、自立した学習者として生徒は成長するのです。

学校図書館でリーダーになれるように、生徒をエンパワーする機会をつくりましょう。この取り組みは比較的簡単にできますが、その効果は短期的にも長期的にももたらされます。長期的には、生涯にわたって役立つリーダーシップ、自信、スキルを向上させます。短期的には、図書館の仕事を助けてもらえますし、図書館と図書館プログラムに、生徒と教職員のかかわりが増えることになります。

ディジタルバッジというご褒美、心からの感謝、いい仕事をやり遂げたときのいい気分などを得るために、進んで生徒が手伝ったり、プログラムをリードしたり、みんなの前で話をしたり、みんなに教えている様子を見れば、あなたはきっと驚くことでしょう。

図書館プログラムをイノベーティブにする[*1]

図書館のプログラムをデザインして、カリキュラムに命を吹き込もう

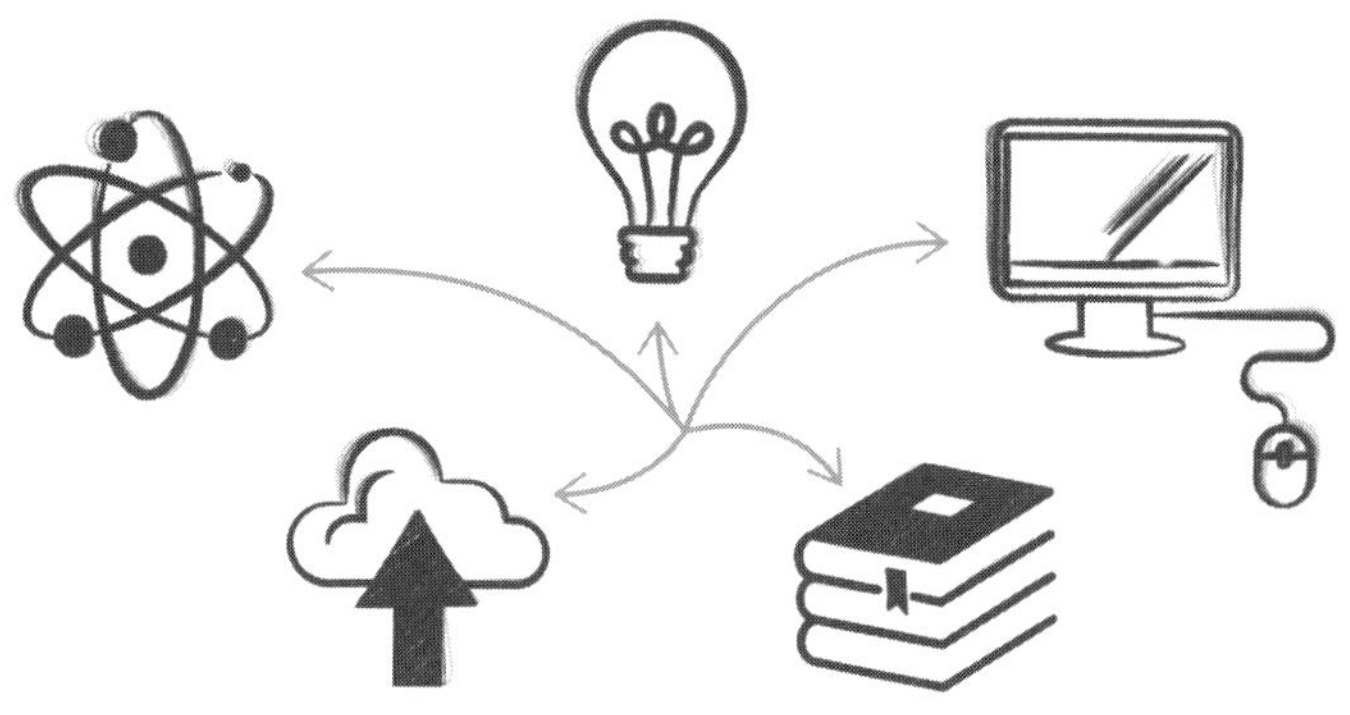

団結は力だ。
チームワークとコラボレーションがあれば、
素晴らしいことが達成できる。
（マティ・ステパネク）[*2]

（＊1）既成のものにとらわれずに、自由な発想で新しいものを創造し、挑戦する考え方や行動のあり方のことです。

（＊2）（Mattie Stepanek, 1990～2004）アメリカの詩人・作家。重病である筋ジストロフィーに侵されながらも、世界平和を願った詩をわずか13年の生涯のなかで書き続けました。

問題──学校図書館は、コラボレーションというよりは孤立している

学校図書館は、多様なプログラムをダイナミックに、かつコラボレーションで行う場であるべきですが、多くの場合、本の倉庫や貸出の場所としてしか機能していません。しかし、図書館は、生徒と教職員にとってそれ以上の施設になれるはずです。どんなカリキュラム（教科指導、部活、行事）でも支援できる最高の機器と多様なテクノロジーが揃う場所に。

ただし、そうなるためには、学校図書館員が図書館プログラムを、昔ながらのやり方にとどまることなくイノベーティブに行わなくてはなりません。図書館プログラムのデザインが革新的なものになると、カリキュラムの内容に命が吹き込まれ、教職員と生徒のコラボレーションが奨励され、図書館の発展と活性化が期待できるようになります。

ハック──図書館プログラムをイノベーティブにする

学校には、生徒をやる気にさせるイノベーティブな方法を探している教師が必ずいるものです。

みんなが慎重になっているときでも、冒険好きでリスクを厭わない人がいます。コラボレーションを求めている教師の多くは学校図書館員とともに新しいプログラムを試したいと思っていますので、彼らと一緒に取り組む方法を模索してください。そうした教師と関係をつくりましょう。そして、彼らの授業の新しい取り組みをサポートするためにあなたがいることを分かってもらいましょう。

一旦信頼を得られれば、さらにアイディアを求められるようになりますし、一緒に新しいことをやるリスクを厭わないようになります。同僚とそうした関係をつくる方法を常に探し続けましょう。教職員の話をよく聴く、職場で会ったら挨拶する、いつも笑みを絶やさないといったシンプルなことが大事かもしれません。

それに加えて生徒は、教職員が互いに関係がよく、一緒に仕事をしたがっているのかどうかに関してとても敏感なものです。教職員とのコラボレーションが生まれれば、生徒は学校図書館員を教職員チームの一員と見なすようになりますし、図書館を教室の延長として位置づけるようになるでしょう。

手はじめとして、教育にかかわるテクノロジーについての問い合わせや、コラボレーションの依頼が教師から来るのを待つのはやめましょう。その代わりに、使えるツールやアイディアについてこちらから話すのです。あたかも最高の製品を売り込もうとするかのように、学校図書館のサービスとあなたが提供できる専門知識について熱く語るのです。決して強引ではなく、しかし自信と情熱をもって自分が提供できるものを紹介しましょう。

人は、一生懸命な人に感化されるものです。協力することで、生徒が図書館資料を使う経験を高められることも話しましょう。また、教師が何かをリクエストできるように、必要と思われることは何でも完璧に支援できるように準備しておきましょう。そして、他者とのコラボレーションによって型にとらわれない考え方を身につけて、生徒の学びを高める体制を整えておきましょう。

あなたが明日にでもできること

本と喫茶のイベントを主催する——始業前、授業中、放課後、いつでもいいので教職員を学校図書館に招待して、新着本や新しいテクノロジーの紹介をしましょう。何かつまむものがあると、招待に応じる教職員が多いということをふまえておきましょう。

コラボレーションできる可能性のある相手をお茶に誘うのです。そして、彼らに最新のツールを見せます。コーヒーのサービスにも教職員は惹きつけられるものです。校長に頼めば、コーヒー基金[1]を使って、図書館のスタッフルームに教職員向けのコーヒースタンドを設置することが許されるかもしれません。喫茶コーナーが人気を呼べば、そこに新しいコラボレーションを促す興味や会話が生まれてくるはずです。

雑談のなかで、教師は教えることを愛してやまない授業について語りはじめるものですし、あなたはその機会を捉えて、図書館のリソースやテクノロジーを使えばそうした授業をさらによくすることができる、と伝えることもできます。可能なら、さまざまな研修会でもらった戦利品（グッズ）や本を配るというのもおすすめです。こうしたお楽しみ喫茶の提供で、教職員を図書館に誘導する方法を計画してみましょう。

個別メッセージを教職員に送る――教職員は、生徒、保護者、管理職から多くのことを求められる日々を過ごしていますので、学校図書館サービスや、できるかもしれないコラボレーションにまで頭が回りません。図書館のリソースを思い出させるようなチラシと一緒に、鉛筆、栞（しおり）、チョコレートなどを「休暇明けのプレゼント」として、新学期に教職員全員に配ることを計画してみ

（1）日本の学校では教職員の親睦会や有志によるコーヒー友の会などがありますが、校長はその一員であったとしても決定権がないというのが一般的です。

ましょう。また、図書館のリソースやテクノロジーを使ってくれそうな教職員には、個別にメールを送ってみましょう。

学会や教職員研修会に出席するたびに、ねらいを定めた教職員に最新情報を提供することを日常業務として組み込みましょう。研修会で学んだばかりのツールについて、すぐに教職員と共有しないのはなぜですか？　教育的なツールやアプリについて研修会で学んだら、そのことを教職員にメールで伝えましょう。こうしたメールを受け取ることを歓迎し、新しいテクノロジーとその使い方について学び、探究しようとする教職員がいるかもしれません。

このようなやり方によって、研修会から学校に戻ったときに個別の話し合いに結びつく可能性が生まれますし、その積み重ねが教職員の知識を増やし、最終的には生徒に影響を与えるようになるのです。

新しい友人をつくる――新しく着任した教職員のオリエンテーションやイベントに参加する機会を模索しましょう。学校図書館が提供できるものや、提供できる支援について宣伝するためです。自分自身について、また自分の仕事を知ってもらうためにはとてもいい機会となります。また、校長に頼んで、そのようなオリエンテーション研修会で話をさせてもらいましょう。

新しく着任した教師は、多かれ少なかれ、ほかの教育委員会、学校、仕事などから移ってきたことが理由でストレスを抱えているものです。図書館は、そのストレスを和らげることができる存在なのです。図書館にたくさんあるリソースについて、新しい教職員に知らせる機会をつくるのです。そして、現在進行中の図書館でのコラボレーション授業について、時間をつくって話をしましょう。

「同じようなやり方で一緒に仕事をしませんか？」と誘いましょう。新しい教師やスタッフのなかには、図書館の陽気でウェルカムな空気を感じとって、支援してもらえそうだと思って図書館プログラムに興味をもつ人もいることでしょう。

着任して一年目の人たちには、なるべく頻繁に声をかけることを忘れないようにしてください。新しい仕事や環境に適応するに際しての気配りに、彼らは感謝するはずです。

管理職に会いに行く——学校図書館に何が求められているのかについて感触をつかむために、教職員や管理職へのアンケートを計画しましょう。教育テクノロジーを授業に導入するにあたって、彼らがどのような助けを必要としているのか探りましょう。

アンケートには、カリキュラムに即した、コラボレーションのために必要なことを明らかにするような質問も入れておきます。そして、管理職と話す機会を模索しましょう。彼らは、あなたが自分の仕事を見直すことも視野に入れて話をするためにやって来ることを評価するはずです。

コラボレーションの対象にしてほしい教師を教えてくれるかもしれませんし、あなたの弱点には力を貸すと言うかもしれません。それによって、新しい図書館コラボレーションが生まれる機会と、そのためのよいきっかけがもたらされる可能性が高まります。

さらに、このような行動によって、学校図書館員の立場について管理職の見る目が変わるかもしれません。その仕事を、教え方を改善するファシリテーターとしてリーダーシップがとれる役割と見なしはじめるかもしれません。

コラボレーションは、誰にとっても有益だということを忘れないでください。教職員も学校図書館員も、ともに成長します。そして、もっとも大切な点は、教職員が協力して働くことによって、生徒たちが新しい、没頭できる学びが体験できるようになるということです。

授業の空き時間に教師を訪ねる——時間が許せば、授業の空き時間に教師を訪ねるようにしましょう。彼らが学校図書館に来るのを待っていても埒（らち）があきません。学校図書館員が図書館の外に出て、彼らとよい関係をつくり、コラボレーションのための機会をつくりだすようにするのです。訪ねていって、最近の様子を聞き、教室でテクノロジーを扱う手助けが必要かどうか尋ねてみましょう。このような雑談は、素晴らしい情報交換になることが多いものです。

教師は、職業的にも個人的にも常に重圧にさらされており、その葛藤と目下の課題について誰かに話したがっているものです。あなたがアドバイスできるような場合でも、まずはよい聞き手になることを心がけましょう。

ある研修会の講師が、「学校図書館員であることはバーテンダーに似ている」と言っていたことを覚えています。耳を傾けること、それは教師のストレスを軽減し、あなたといることが心地よいと思わせるのに最強の方法なのです。

もしかすると、これこそが仕事で提供できる最強のサービスかもしれません。なぜなら、それによって人間関係が構築できるからです。彼らと親しくなれば、その時々の授業や、これからしようとしている授業の計画について、いつでも話してくれるようになります。テクノロジーについてどのように考えているのか、これから何ができるようになりたいのか、何に挑戦したいかについても教えてくれます。

そうすれば、学校図書館員は常にアイディアをもらうことになり、彼らをサポートすることができるようになります。もちろん、すべての教師が他者と一緒に働きたがるわけではありませんが、多くの人がそれを望んでいるはずです。

ある研修会の講師が、「学校図書館員であることはバーテンダーであることに似ている」と言っていたことを覚えている。耳を傾けること、それは教師のストレスを軽減し、あなたといることが心地よいと思わせるのに最強の方法となる。

完全実施に向けての青写真

ステップ1　コラボレーション・プロジェクトを宣伝する

コラボレーション・プロジェクトを行う場合は、必ず同僚と管理職にお知らせと招待のメールを送りましょう。空き時間に学校図書館に来てくれる教師がいるかもしれませんし、実際に目にすることで新しいアイディアを思いつく教師も少なくないはずです。それによって、さらに新たしいコラボレーションにつながるかもしれません。

管理職は、教師が図書館であなたと行っている様子を見に来たがるはずです。施設、スタッフ、リソースに予算を割いた判断がよい効果を生んでいると分かっているからです。こうした取り組みを、ＳＮＳや地域のメディアを使って宣伝することが大切です。宣伝の内容が口コミで学校内に広がり、学びのコミュニティー全体で、あなたの図書館での活動について人々が話題に挙げるようになるはずです。

最終的な目標は、図書館が学習者に対して何ができるかをすべての関係者に知ってもらうことです。たとえば、フランス語の教師が、外国語として英語（日本語）を学ぶクラスで行われた天気予報の動画作成の取り組みを見て刺激を受け、生徒がインタヴュー活動を動画にして、海外の文通相手に送るといった授業をつくるかもしれません。

多くの教師は、ほかの教師が授業で何をしているか知りません。一方、学校図書館員は、教師や生徒が想像もしていなかった方法で彼らをつなぐことができます。コラボレーション・プロジェクトを宣伝することは、教職員同士の会話をつなぎ、ネットワークをつくる機会をもたらすのです。

ステップ2　教職員と管理職に本の紹介を依頼する

教職員とやり取りを生む可能性のある別の方法として、彼らに本の紹介を依頼するというものがあります。学校図書館ニュースを発行しているなら、教職員に頼んで、これまでに読んだ本のなかで感銘を受けたものについて書いてもらうのです。ショートムービーで好きな本の書評を語ってもらうというのもいいでしょう。

教職員は、自分の言いたいことを話す機

自分の好きな本を紹介するベイショア中学校のアウトロー校長

会がそんなにあるわけではないのです。ですから、図書館で彼らに語ってもらうことは、その後の関係づくりにおいて役立つかもしれません。また、おすすめの本と一緒に彼らの写真を撮るというのもよいでしょう。それでポスターをつくって、図書館の壁と彼らの教室のドアに貼って来館を促すのです。

こうした取り組みには、教育長や学校評議会の委員にも登場してもらいましょう。さらに可能ならば、生徒の間で有名な地域のリーダーたちにも声をかけてみましょう。読むことの大切さと図書館のプログラムを宣伝する素晴らしい機会となるはずです。

ステップ3　部活のミーティングを学校図書館で開いてもらうよう教職員に提案する

部活のミーティングに学校図書館を使ってもらうよう、ぜひとも提案しましょう。大人数の部活をまとめる教職員は、ミーティングのために教室より広い場所を探しているはずです。図書館はそれにぴったりの場所なのです。また、授業以外の生徒がいない時間帯に、教職員の会議や研修の場所として図書館を使ってもらうよう管理職に頼んでみましょう。図書館ではなかなか見かけないような教職員が来館する機会となります。

図書館を教職員の活動の拠点にするためには、人々が図書館の中に入りやすくなる仕掛けをつくらなくてはなりません。図書館にいることに慣れれば、また来てくれるようになるものです。

研修など何かをするときには、まず図書館をその場所として選んでもらえるように、教職員に働きかけてみましょう。

ステップ4　ブッククラブ[2]を主宰する（リアルでもバーチャルでもよい）

学校図書館で、あるいはSNS上で教職員のブッククラブを開催しましょう。教職員のブッククラブをする時間がないなら、生徒のブッククラブに教職員を誘いましょう。時間がとれず、対面式の集まりには参加が難しい教職員がいたとしても、オンラインでのブッククラブなら参加してくれるかもしれません。夕方の教職員向けブッククラブを定期的に行うために「グーグル・ハングアウト[3]」を設定するのに、それほど手間はかからないはずです。

そこまでしたくない場合は、「グーグルクラスルーム」や「マイクロソフトクラスルーム」（そ

（2）　定期的に集まって本について語り合う会です。学校で行われる場合でも「生徒主導型」であることと「話し合い」が重視され、二つの相乗効果で自分の意見をより深く構築できる活動となります。ブッククラブのやり方について知りたい方は、『改訂増補版　読書がさらに楽しくなるブッククラブ』（吉田新一郎、新評論、二〇一九年）を参照してください。

（3）　（Google Hangouts）二〇二〇年四月に「ビデオ会議アプリ」（Google Meet）になりました。グーグルのユーザー以外の参加も可能になるなど、進化を遂げています。

の他、学校が導入しているディジタルクラスルームシステムならなんでも）を活用して、テキストベースのブッククラブを行うのです。「フリップグリッド」を使えば、プライベートな時間にビデオでディスカションを共有することができます。

このようなコラボレーションにはさまざまな可能性があります。テクノロジーを利用して教職員や生徒のブッククラブを行うことは、教職員がそうしたツールを使おうとするときに参考になります。また、これらのツールを授業で使ってみようと思う教師が現れるかもしれません。

生徒のブッククラブもコラボレーションの素晴らしい機会です。学校図書館員が進行できるだけの時間がとれない場合は、生徒のリーダーができるようにエンパワーしましょう。学校図書館員がついていれば、ブッククラブの運営を生徒のリーダーに任せることは十分に可能です。

ブッククラブで取り上げる本を生徒に選んでもらいましょう。そうすると彼らは、「自分たちの会」として、こちらの予想を超えるような企画を考えだすでしょう。また、管理職やほかの学校関係者などに参加を呼びかければ、生徒のリーダーが学校図書館で輝く様子を見てもらうよい機会となります。

ステップ5　コラボレーションのために教室へ行く

コラボレーションを求めて教師が学校図書館に来るのを待っていても、おそらく何の効果もないでしょう。もし、あなたが教師や生徒の役に立ち、つながりを大切にしたいなら、活動を図書館のなかに限定しないで教室に行ってみることです。図書館まで行ってデータベースを使う生徒をサポートするだけの余裕が教師にない場合は、こちらから出向いて説明してもいいですし、図書館でコラボレーション授業をしようと申し出ましょう。学校図書館員に教室で話してもらうことを多くの教師が喜ぶはずです。なぜなら、生徒たちをわざわざ図書館に連れていく必要がなくなるからです。

柔軟になりましょう。教師と生徒こそが、図書館サービスの対象者であることを思い出しましょう。彼らのニーズにあわせてサービスを行うようにするのです。

教室に行くのが難しい場合は、教師が授業で使えるように簡単な説明動画をつくることも考えてみましょう。クラスの学習情報共有システムにその動画を載せれば、生徒たちは必要なときにいつでも見ることができます。イノベーティブになりましょう。そして、積極的になりましょう。図書館プログラムとあなたの学校での位置づけを、学校に役立つ状態に保ち続けましょう。

> 教師がコラボレーションを求めて学校図書館に来るのを待っていても、おそらく何の効果も得られない。もし、あなたが教師や生徒の役に立ち、つながりを大切にしたいなら、活動を図書館の中に限定せずに、教室に行ってみることだ。

ステップ6　授業で参加できる国や、国際レベルのプロジェクトを紹介する

教室で一人仕事を切り盛りするのは、教師にとっては簡単で安全なやり方です。だからこそ、そうした授業はしばしば生徒にとっては退屈なものになるのです。国や国際レベルのイベントやプロジェクトに教師が参加するように支援して、単調な仕事の進め方をおしまいにしましょう。(4) コラボレーションを通して、努力も成功も一緒に味わえるようになります。これが、チームをつくるための基本的な要素です。

「プログラミングの時間」(5)の活動は、ディジタルとアナログともに、教科内容重視の教師たちと手を組むための素晴らしい教材となります。「コンピューター・サイエンス・ウィーク」(6)や「ディジタル・ラーニング・デイ」(7)、あるいは学期中いつでも「プログラミングの時間」を開催することができます。これらの活動は無料で取り組めますし、一年中可能なので、さまざまな学年で使うことができます。

どのような生徒でも、ディジタル思考、(8)クリティカルな思考力、問題解決能力を「プログラミングの時間」によって高めることができます。一つのディバイスをペアで使うことで、コミュニケーションとコラボレーションのスキルが高められるのです。チームワークは、一人で作業するよりも楽しいはずです。「プログラミングの時間」は、特別支援クラスの生徒と外国語として英語（日本語）を学ぶ生徒、それぞれにあわせた指導方法を選択することができます。これまでコ

ラボレーションしたことがないような教師でも、一緒に取り組むことを歓迎するかもしれません。

ほかにも、国レベルのプロジェクトとしては「歴史の日」(9)があります。さまざまなプレゼンテーションの選択肢（記録映像、展示、論文、パフォーマンス、ウェブ）がありますので、学校図書館員が、社会科の教師だけでなく情報科、演劇科、芸術科の教師ともコラボレーションするきっかけになるプロジェクトだと言えます。

「歴史の日」を使って、情報の授業で一九八〇年台に初代パソコンが登場した背景を発表しましょう。そして、美術クラスでは、関連した生徒の作品をみんなに見てもらうように働きかけるのです。初期のコンピューターのＣＭを寸劇で再現するといった活動を考えれば、演劇クラスとコラボレーションできるかもしれません。また、「数学、科学、テクノロジーのためのシーメンス・

（4）この点に興味のある方は、『退屈な授業をぶっ飛ばせ！』（マーサ・ラッシュ／長崎政浩他訳、新評論、二〇一〇年）を参照してください。さらに詳しい情報が得られます。

（5）九五ページの注（3）を参照してください。

（6）(Computer Science Week) https://csedweek.org を参照してください。

（7）(Digital Learning Day) https://digitallearningday.org を参照してください。

（8）(digital thinking) 多様な思考スキルのうち、ディジタル・リテラシーに関連するスキルのことです。

（9）(National History Day) https://www.nhd.org　これは、韓国や中国などでも行われている国際的なイベントになっています。国の歴史にかかわらず、「歴史的なテーマ」でリサーチするプロジェクトとなっています。

コンテスト」[10]に取り組ませて、大学の奨学金を生徒がとれる機会を提供しましょう。

年少の生徒に教えている場合は、これらのプロジェクトを手直しして、同じような学びの機会が経験できるようにしましょう。実際、国レベルのプロジェクトの中高生版を、学校が独自に地域で組織するように支援することもあなたには可能なのです。

ステップ7 地域に手を伸ばす

学校図書館のパワーは、共通の目標に向けて人々をつなぐところにあります。生徒が学校で学んだことを日常生活に応用できるような、学校外のプログラムに参加しましょう。[11]こうした本物の情報に触れて、生徒は世界をより共感的に理解するようになります。

議会図書館の「退役軍人歴史プロジェクト」には、生徒が国の退役軍人に敬意を表する方法についてのアイディアが詰まっています。退役軍人（VA）病院を訪問してインタヴューをする、彼らを学校に招いて、思い出の品を見せながら全校集会で語ってもらう、彼らに敬意を表して植樹するなどについてヒントを得ることができます。また、「オナーフライト」プログラムでは、生徒がポスターをつくって、空港で退役軍人を歓迎するといったことを行っています。教育委員会や地域の社会奉仕団体と協力して何かに取り組むことは、それらの団体とのつながりを強める素晴らしい方法となります。

つながりをつくる方法としては、「フットロッカー作戦」や「癒しの壁」があります。「フットロッカー作戦」は「国立第二次世界大戦博物館」によるプロジェクトで、第二次世界大戦の遺物が一五種類詰まった旅行鞄を学習のために貸し出しています。一方、「癒しの壁」は、ワシントンＤＣにある「ベトナム戦争退役軍人メモリアル」の二分の一サイズのレプリカで、全米のすべての地域を旅して回っています。

「希望のトランク」というものもあります。ヘイト、偏見、闘い、そしてホロコーストについて教える際に助けとなるよう、「フロリダホロコースト博物館」が全米に対して無料で貸し出しているものです。トランクには、ビデオ、読み聞かせ用の本、ＣＤ、絵本、ポスターなどが入っていて、学校、地域、世界をより良い場所にする教材となっています。

一方、「リーズントゥスマイル」のトランクでは、アフリカの生活を学ぶことができます。トランクには、ケニヤのジャンボ・ジプヤ学校と、その創設者であるクリスティーヌ・ムワンデ（Christine Mwende）の紹介、絵本、工芸品、装飾品、音楽など、音声資料や希少植物などが詰まっています。

（10）（Siemens Competition）英語のみとなりますが、同スペルで検索すると詳しく説明されています。

（11）たとえば、「The StoryCorps」の公共サービスでは、生徒は家族、友だち、地域の人にインタヴューしたうえで物語にし、未来の世代に引き継ぐ活動を行っています。

訳者コラム 多文化理解・国際理解のホームページ紹介

- **退役軍人歴史プロジェクト**（Veterans History Project）https://www.loc.gov/vets/
- **オナーフライト**（Honor Flight）https://www.honorflight.org
- **フットロッカー作戦**（Operation Footlocker）http://operationfootlocker.com
- **癒しの壁**（The Wall That Heals）https://www.vvmf.org/The-Wall-That-Heals/
- **希望のトランク**（Trunks of Hope）https://www.flholocaustmuseum.org/support/trunks-of-hope/
- **リーズントゥスマイル**（The Reason2Smile）https://www.reason2smile.org

日本では、JICAや国際協力のNPO（Save the Children、Amnestyなど）、国連機関関連団体（UNICEF, UNHCRなど）のほか、開発教育協会、国際理解教育センター、東京国際子ども図書館などで手に入ります。

このような資料を見て、実際に手に触れて学ぶことによって、生徒は地域から世界の国々へとつながることができるようになります。

課題を乗り越える

コラボレーションはすべての人の助けになりますが、そのような活動に対して非協力的な反応をする人に出会うこともあります。また、学校図書館を賑やかなコラボレーションの場所として想定することが難しい人もいるでしょう。以下は、あなたが耳にするであろうことと、それらに対する簡単な対応例です。

課題1　「コラボレーションするだけの時間がないんだ」

毎日、時間の余裕がないために教師は押しつぶされそうになっており、制御しやすい自分の教室にとどまりたがるものです。そうした教師にこそ、学校図書館のリソースを使うことの価値と、それらが飛躍的に学びの経験を促進している方法を知らせる必要があります。教師には誰しも大好きな授業があるはずですし、図書館とコラボレーションをすればその授業がさらに輝き、インパクトが増すことになるからです。

こうした教師と関係をつくる努力を続けましょう。彼らに、図書館サービスの価値を知らせましょう。教室を訪ねて、図書館サービスについて話す機会をつくるだけでもいいのです。それをしたからといって、損をする人は誰もいません。少しずつ段階を踏んで、忍耐強く進めていきましょう。

課題2　「生徒も、私も、学校図書館のリソースのことはもう分かってるよ」

教師は、学校図書館のリソースについてすでに分かっていると考えているかもしれません。でも実際は、もっと効果的に使えるはずなのです。(12)

すべての教師が、図書館のメイカースペースの道具を使いこなせるでしょうか？　バーチャル・リアリティーの無限の可能性を知っているでしょうか？　図書館のデータベースやディジタルツールのすべてを知っているでしょうか?

　できるだけ前向きに、一緒に何かを続けましょう。そのうちに、彼らの興味をそそるものが提示できるかもしれません。そのときには、彼らの考え方も変わるでしょう。ただし、そのためにも、まず図書館が「これまでとは違う」考え方を示さなくてはなりません。

課題3 「学校図書館って、英語(国語)の先生と読書のためにあるんでしょ?」

　このような発言をする教師は、学校図書館について昔のイメージしかもっていません。彼らの視野を広げるために、期待を超える幅広いサービスを届けましょう。そして、教科に直結するようなリソースを明確な形で見せましょう。

　革新的なテクノロジーとメイカースペースを活用するコラボレーションは、そうした教師と関係をつくるきっかけになるかもしれません。双方向に楽しめるサイトやバーチャル・リアリティーの技術があるならば、それを教師に見せましょう。そして、図書館という場を使って、一緒に仮想空間体験を生徒に提供しようと働きかけるのです。彼らは、図書館について狭い了見しかもちあわせていません。あなたの役目は、無限の可能性に満ちた世界を、そうした教師たちに教えることなのです。

実際にハックが行われている事例

ストーニーの場合

二〇一七年の秋学期、我が校で八学年の英語（国語）を担当している教師二人は、生徒にローラ・ヒレンブランド（Laura Hillenbrand）による伝記『不屈の男 アンブロークン』[13]を読ませることにしました。この本は、第二次世界大戦で日本軍の捕虜になったオリンピック選手ルイス・ザンペリーニの生涯を描いたものです。

学校図書館でコラボレーション・イベントをすることで、生徒たちがより内容に寄り添えるように助けてほしいと、教師から図書館に働きかけがありました。最高の活動にするために、三日間にわたるプログラムを図書館で行うことにしました。このプログラムを通じて、一九四〇年代

(12)『教科書をハックする』（R・C・レント／白鳥信義他訳、新評論、二〇二〇年）のなかで紹介されている「テキストセット」（第7章）という考え方はとくに魅力的です。たとえ教科書が優れた教材であっても、教室にいるすべての生徒のニーズを満たすことはあり得ませんので、複数の魅力的な教材を、オンライン情報も含めて提供することが望ましいというものです。

(13) ラッセル秀子訳でＫＡＤＯＫＡＷＡより二〇一六年に出版されており、二〇一四年には映画化もされています。

について、オリンピックについて、第二次世界大戦について、生徒の学びがより深まるように考えました。

生徒にとって一九四〇年代の状況を理解するのはなかなか難しいことなので、図書館を、その時代について無理なく学べる場にしました。その時代の日用品、ビデオ、音楽、本に書かれた食べ物を展示し、ザンペリーニの経験を少しでも理解できるような活動を取り入れたのです。

さまざまな活動を三日間で順番に体験するようにしたので、生徒はさまざまな視点からそこにある資料の意味を考え、課題に取り組むことができました。一般的に図書館は教室よりも広く、多くのテクノロジーが使えます。まさに、このような複数のクラスを対象にした大掛かりな活動にぴったりの場所なのです。

イベント本番の数週間前にプログラムの計画をはじめ、イベントの締めくくりを「復員軍人の日」にすることに決めました。生徒が、地元の軍人の英雄や警察官たちについて学ぶ機会とするためです。

初日は、軍隊式の簡単なプレゼンを学校図書館アシスタント(14)の一人が務めました。彼は数年にわたって軍事諜報部員としてアーカンソー州兵に所属していたことがあり、その経験を活かして、ザンペリーニの生存のための闘い、その時代の軍人たちが払った犠牲、アメリカの国旗、現代における戦争の脅威に関して生徒に伝えることを目的として、「ジャンルにとらわれない」プレゼンをつくりあげました。できるだけミリタリー・ブリーフィング[15]に似せるようにしたので、生徒はザンペリーニが空軍部隊にいたころの経験を追体験することができたと思います。

イベントが終わるごとに生徒たちは、退役軍人たちに対して、その仕事への感謝の言葉を記したカードを書きました。これらのカードは、地域のＶＦＷ（アメリカの復員軍人の組織）を通じて退役軍人たちに届けられました。このプロジェクトは、生徒が市民活動にかかわるための素晴らしい機会となりました。

プログラムの二日目は、さまざまに異なる経験が学校図書館でできるようにしました。あるコーナーでは、戦闘装備を試すことで戦場での経験を感じることができます。次のコーナーでは、オリンピック陸上選手としてのザンペリーニの動画を観ることができます。三つ目のコーナーでは、捕虜になる前と後でザンペリーニの体重の変化が分かるように、それぞれの重さのバックパ

---

(14)　学校図書館の支援職員の一種です。アメリカでは、American Library Association（米国図書館協会）がそのカリキュラムなどを五年ごとに審査し、認定する図書館情報学大学院で修士号を取得したものを専門職の「librarian」として、図書館での必須雇用条件にしています。学校図書館メディアスペシャリストもそれに準じています。アメリカの学校図書館では、専門職に加えて、「library technician」や「library assistant」という支援職員スタッフも置かれている場合があります。

(15)　（Military briefing）精選された情報を、明瞭簡潔に、目的にかなった方法で、戦闘員、スタッフ、その他の聴衆にプレゼンすることです。

ックを背負ったりしながら観察していきます。ここには、第二次世界大戦の捕虜の写真とB－17戦闘機の内部を紹介する図も飾られています。

最後のコーナーでは、実際に救命ボートに乗って、飛行機が海に墜落したあとでザンペリーニや兵隊たちが経験した、窮屈な状況を体験することができます。つまり、コーナーを一巡すれば、ザンペリーニの人生と捕虜の苦難に触れることができるようにしたわけです。

プログラムの最終日は、ブラックホーク・ヘリコプターの着陸からはじまりました。これは、アーカンソー州兵の好意によって実現したものです。生徒たちは航空部隊を訪問して、現代のヘリコプターと自伝に載っていたザンペリーニ時代の戦闘機を比較する機会に恵まれました。また、地元の警察官を招いて、SWAT（特別機動隊）の車両を展示してもらいました。防護装備を身につけ、武装車両に乗ることもできたので、数え切れないほ

生徒たちは、復員軍人の日と戦没将兵記念日に、近隣および遠方の退役軍人への感謝のカードをつくり、送ることができる

どの生徒たちが、軍隊と警察の両隊員たちに対して一日中感謝の意を表し続けました。

この三日間のプログラムで、そして多くのコーナーでの学びを通して、生徒たちは英雄たちの人生に浸ることができました。最終日には、地元の軍隊と警察の英雄に会うこともできました。こうしたコラボレーションには、お金には代え難い価値があるのです。

スワンハカ教育委員会の場合

「読書とリテラシー(16)を促すときには、古典や印刷物へのこだわりを捨てる必要があります。ポップカルチャーや印刷物以外の形式も考慮に入れなくてはなりません。たとえば、アートやゲームのようなものです」

(16)　読み書き能力のことです。最近では、ビジュアルやディジタルなどを含めた広範なものになりつつあります。

コラボレーションの一環として、映画『アウトサイダー』（フランシス・コッポラ監督、1983年）の衣装に身を包んだ教職員たち

このように語ったのは、ナッサウの「BOCES[17]学校図書館プログラム」の統括であるドンナ・ローゼンブラムです。

スワンハカ中央高校群はユニークで、それぞれの教育委員会をもつ多様な地区にある別々の小学校区から生徒が集まる五つの高校から成っています。各校区のライブラリアン三名と校区の元ライブラリアンであるドンナは、読書を促すユニークなプロジェクトとして、国際コミックマーケットに倣った「スワンハカ・コミケ」を活用しました。これは、お互いにコラボレーションをする機会ともなりました。

「スワンハカ・コミケ」とは、学校群全体の七年生から一二年生に参加を募る、毎年恒例のポップカルチャー大会であり、コスプレコンテストと、それに続いてコスプレーヤー本人によるプレゼンが行われます。

生徒は、アニメ作画、トリビアコンテスト、アートセッション、ライティング、パネルディスカッションなど、さまざまなワークショップ（有料の申し込み制）に参加することができます。ワークショップには、「ページからスクリーンへ」、「ビデオゲームはアートか？」、「『キャットウーマン』からキャトニスまで――サイエンスフィクションとファンタジーにおける女性たち」などがあります。ドンナが次のように言いました。

「生徒の話し言葉を書き言葉に結びつけることは、学校図書館員がもっとも得意とするところなのです」

これは、教職員と学校図書館員のコラボレーションによって生徒の学びの経験を促し、学校または学校図書館において、持続性の高い関係性をつくる事例の一つでしかありません。

大掛かりなコラボレーションは、どんな場合でも余分な仕事とエネルギーを使うものです。しかし、学校図書館プログラムがもっと知られるようになり、教職員との同僚性が高まると、さらなるコラボレーションのための原動力になるという恩恵をもたらします。

コラボレーションの日は、学校図書館員や支援職員に、内容にあった服装をしてもらうようにしましょう。たとえば、「ダストボール」（一九三一年の無謀な農業政策のために荒廃した土地が原因で、断続的に発生した砂嵐のこと。また、そこから逃れようとした移民のこと）をテーマにしたプログラムであれば、全員が一九三〇年代の農民のような格好をして、生徒たちが内容に浸

（17） The Boards of Cooperative Educational Services ニューヨーク州議会が各教育委員会に提供するすべての人に開かれた教育サービスのプログラムです。https://www.nassauboces.org/Page/1

れるようにするのです。学年にかかわらず、生徒は衣装や劇への反応がいいものです。

また、こうした活動は、学校関係者の学校図書館に対する見方を劇的に変えることになりますし、学校図書館員とその立場に対する価値を高めることにもなります。

一人ひとりの生徒をいかす授業支援を行う

生徒に多様なリソースとテクノロジーを提供しよう

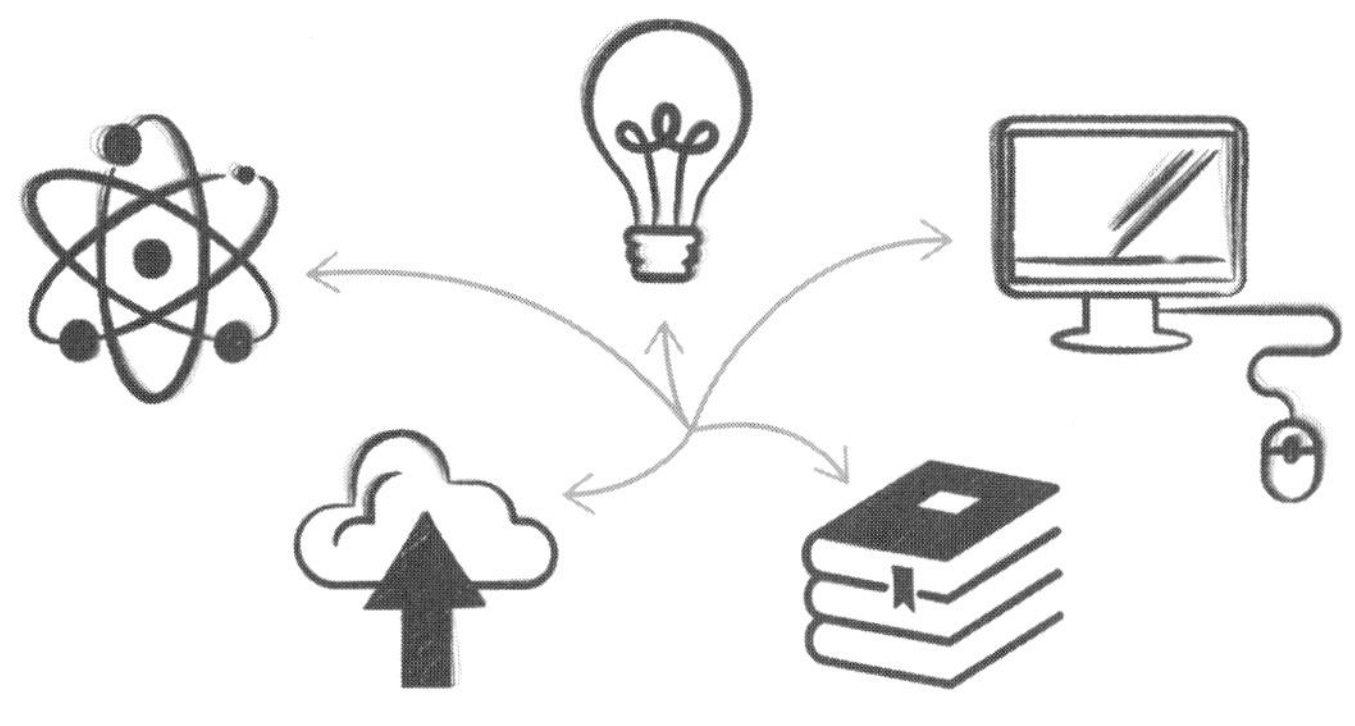

すべての人が天才である。
しかし、魚が木登りの能力で評価されたならば、
自分はバカだと思い込んで生涯生きることになるだろう。*

（出典不明）

（*）この文章をイラスト化したものが、「Our Education System, For a fair selection」で検索すると見られます。

問題――教師は、常にすべての学習スタイルを考慮しているわけではない(1)

多くの場合、教師はオーバーワーク気味となっており、ストレスにさらされていて、労働に見合うだけの報酬を得られない状況に置かれています。学校図書館員として、私たちは彼らの状況や教室での取り組みをいつも見ています。典型的な高校では、教師は少なくとも一八〇人以上の生徒を受け持っていますし、州と国のカリキュラムを当該年のうちにカバーするように求められています。

物事を複雑にしているのは、彼らが受け持つ生徒が異なる学び方をしているため、すべての学習スタイルに対処するだけの時間とエネルギーが教師に残っていないという現状があることです。ある生徒は体験を通して学ぶことが好きですが、教室の最前列に座って集中する（具体的には、教師の話すことを聞いたり、板書されたことを書き写したりする）必要のある生徒や「個別教育プログラム(2)」によって学び方を配慮しなければならない生徒もいるのです。

授業を担当している教師がどれだけ疲弊しているかは、容易に想像がつきます。その点において、学校図書館は重要で役に立つリソースになり得ます。ただし、学校図書館員がそれを実現することができればの話です。

ハック——一人ひとりの生徒をいかす授業支援を行う

学校図書館には、印刷版とディジタル版の膨大なリソースがあり、授業を支援するためには非常に有効な施設と言えます。多様な学習者を授業で支援する場面では、学校図書館員の専門性を役立てることで、図書館のリソースはかぎりない可能性を発揮することになります。あらゆる機会を捉えて、図書館の新しいリソースについて、印刷版、ディジタル版にかぎらず教師に知らせましょう。それに加えて、メイカースペースやプログラミングのための最新ツールを見てもらいましょう。

教師のなかには、授業改革について考えるだけの時間がない人や、よく理解せずに新しいこと

---

(1)　人の「学習スタイル」ないし「学び方」は多様です。たとえば、読む人、じっくり考える人、試す人、感じる人などがいます。詳しくは、『シンプルな方法で学校は変わる』(吉田新一郎他、みくに出版、二〇一九年)の一一六～一二二ページをご覧ください。そして、この多様な学び方、学習履歴、経験などに対応する教え方を提示しているのが『ようこそ、一人ひとりをいかす教室へ』(C・A・トムリンソン／山崎敬人他訳、北大路書房、二〇一七年)です。

(2)　特別な支援が必要とされる生徒を対象にしたプログラムです。

に挑戦することを好まない人がいますが、図書館は、そんな人たちが一緒にいろいろなことを試すには最高の場所となります。

教師は、新しい活動に取り組むときには誰かとチームを組みたいと考えるはずです。もし、学校図書館員と教師がチームで教えることになれば、教える人が二人になるので、生徒にとってはより高いレベルのリソースを使うことができるようになりますし、「より良い学びのチャンス到来」ともなります。教師は学校図書館員と協働することに戸惑いがあるかもしれませんが、一度でも素晴らしい経験をすれば、繰り返し図書館を利用したくなるはずです。

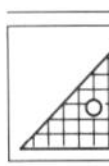

あなたが明日にでもできること

オーディオブック、多言語の本、電子書籍を宣伝する——新着資料を紹介するニュースレターを毎月発行するようにしましょう。それを、英語（国語）科だけでなく教職員全員に配るのです。ほかの教科の教師たちも、あなたがすすめているリソースを利用したいと考えるかもしれないからです。

加えて、学校図書館の端末のスクリーンに、ユーチューブの新刊予告を流すことを検討してください。多くの出版社が、新刊予告の動画を映画並みのクォリティーでユーチューブにアップしています。そうした動画を観るのは純粋に楽しいものです。ましてや、紹介されている本が図書館にあるとなればなおさらです。教職員と生徒は、こんなふうに新しいリソースを紹介されたら観るのが楽しみになるはずです。

あるいは、生徒や教職員と一緒に、図書館の本を紹介するムービーをつくるというのもいいですね。こうしたムービーなどの作品は、図書館の周りに展示して、誰でも目に付くようにしておきましょう。よく知っている人が図書館の端末スクリーンから語りかけてくる様子を見て、生徒は喜ぶはずです。可能なら、図書館の外壁も宣伝に使いましょう。また、学校の管理事務所(3)にもディスプレイを置いて、昼休みに図書館からのお知らせを定期的に流すことができないかと頼んでみましょう。

このようにすれば、学校中の生徒が、図書館の新着案内を目にするチャンスが増えることになります。念のために言いますが、多言語の本も紹介することを忘れないようにしましょう。彼らも同じ学校の生徒であり、自分の母国語で読むことを楽しむ権利があるからです。

（3）（Administration office）教師ではないスタッフがいる学校の窓口的な役目を果たす場所です。日本の学校における「事務室」とは違って、生徒たちが気軽に出入りして、スタッフとおしゃべりができます。

支援に役立つアプリ、ソフトウェア、リソースを紹介する――支援に役立つテクノロジーやリソースのリストが簡単につくれる紹介ツールを使いましょう。そして、教育委員会や学校の特別支援教育の教師と協力して、より支援的なテクノロジーを学校図書館で収集しましょう。とても役に立つツールとして、「キューボール（Qball）」と「Cペンリーダーペン（C-Pen Reader pen）」があります。「キューボール」とは、スピーカーにブルートゥース（ワイヤレス）でつなぐことができるマイクです。これによって、授業の間、あなたの声を増幅することができますし、運動感覚型の生徒にアピールすることができるはずです。また、「Cペンリーダーペン」を使えば、本やその他の印刷資料に生徒がアクセスできるようになります。

このディバイスは、文章をスキャンして読みあげる機能ももっています。生徒は自分のイヤホンで授業に参加できるので、ほかの生徒たちに特別視されずにすみます。テクノロジー担当者やスタッフに働きかけて、ハンディキャップのある生徒が図書館で使えるようなソフトウェアを提供してもらいましょう。

視覚に障がいをもつ生徒にも使えるリソースを紹介しましょう。あなたの州に点字図書を貸してくれる図書館があるか探してみましょう。アメリカ議会図書館が提供している視覚聴覚障がい、および身体障がい者向けの国立図書館サービスは、弱視、全盲、または身体障がいのために本が読めなかったり、持つことができなかったりする人々を対象にして、点字資料や読みあげ資料を無償で提供するものです。提携している図書館の間で点字図書やオーディオ資料を相互貸借もしていますし、送料無料で送ってもらえるほか、ダウンロードも可能となっています。

特別支援教育の教師が必要と認めた生徒が「ブックシェア」の会員になれるように支援しましょう。全米盲人連盟も、オンラインで二〇〇種類以上の出版物を提供しています。ＩＴ担当部局と連携して、「Chrome extensions」などの支援技術を使ったアプリをモバイルディバイスにインストールしましょう。すべてのタイプの学習者を対象とすることで、学校図書館がさらにインクルーシブなものになります（次ページの**訳者コラム**参照）。

無料でどこからでもアクセスできるオープン教育リソース（ＯＥＲ）[4]**について学ぶ**――ＯＥＲについて特別なトレーニングを受けていないかぎり、教師はこれについて何も知らないでしょう。生徒全員にディバイスを配る学校が増えていますので、ＯＥＲの重要性は増しています。教師はＯＥＲを使うことですべての生徒のニーズにあわせた教材を紹介することができますし、またそのようにすべきです。

（４）さまざまな教育機関や団体が無料提供している教育用リソースです。日本でも、名古屋大学などが高校生に役に立ちそうなＯＥＲを提供しています。https://sites.google.com/site/analytics0learning/open-education-resources/ri-bennoopencourseware

日本でのサービスとアメリカでのサービス

日本でも、2013年６月に制定された「障害を理由とする差別の解消の推進に関する法律」を受けて、2014年１月、国立国会図書館が相互貸借や郵送料免除など同様のサービスを開始しました（https://www.ndl.go.jp/jp/support/send.html）。それまでは学術情報のみの提供しかなく、その他の資料については「サピエ」（日本点字図書館がシステムを管理し、全国視聴覚障害者情報提供施設協会が運営を行う https://www.sapie.or.jp/cgi-bin/CN1WWW）や、各図書館の独自努力（調布市立図書館の「ハンディキャップサービス」など https://www.lib.city.chofu.tokyo.jp/hsindex;jsessionid=4EF3A2B4921C83CC1E5E7995E989F64D?0）に頼らざるを得ませんでしたが、ようやくそうした機関と連携することも含めて、サービスの充実が進められるようになっています。（https://www.ndl.go.jp/jp/library/supportvisual/supportvisual-10.html 参照）

本文にある「ブックシェア（Bookshare）」とは、アメリカ教育省と特別支援教育プログラム室の後援事業であり、視覚障がい、身体障がい、学習障がいなどのために通常の本を読むことに困難を抱えている人々が無償で使えるオンライン図書館を提供しています。

また、「全米盲人連盟」以外にも、「the Registry of Interpreters for the Deaf, Inc.」や NPO「Learning Ally」が、ディスレクシア（読み書き学習に著しい困難を抱える障がき）、全盲、視覚障がきなどによって印刷物を読む困難がある生徒を支援しています。さらに、マイクロソフトの無料オンライン読書支援プログラムも、音節に分ける機能、図解辞典、ラインフォーカス、翻訳などによってディスレクシアの人や英語の学習者を支援するソフトとなっています。

もしかすると、教師はOERについて研究するための時間がとれないかもしれません。しかし、学校図書館員は、OERの教材を吟味して、教師に紹介することができます。これは多様な生徒のニーズに対応する重要な機会であると同時に、校内における学校図書館員の存在意義を再定義する機会ともなるでしょう。

学校は、教科書から脱却してディジタル環境へと移行しています。学校図書館員は教師と協力して、個々に応じた多様な学びのための教材を探したり、つくったりすることができます。ぜひ、OERについて学ぶ計画を立てましょう。そして、校内で議論をはじめましょう。多くの教師が、きっとあなたと一緒に学びたいと思うはずです。

保護者による諮問委員会をつくる――諮問委員会は、学校図書館の存在をアピールする際に鍵となります。この場を通じて、図書館が生徒と教職員に開かれた多様なリソースを揃えていることを保護者に見てもらうことができます。図書館で起きている最新情報を保護者に伝えるために、できれば毎月、少なくとも年に数回は委員会を開催しましょう。

学校は、教科書から脱却してディジタル環境へと移行している。学校図書館員は教師と協力して、個々に応じた多様な学びのための教材を探したり、つくったりすることができる。

必ず各学年の代表者に出席してもらうこと、またESL（英語が母語ではない生徒）、特別支援教育を受けている生徒、そして多様な文化的背景をもつ生徒の保護者にも出席してもらうようにお願いしましょう。保護者は自分の意見を聞いてもらえること、そして自分の子どもを知ってもらうことを歓迎するはずですし、図書館のプログラムについて語り合う可能性も高まります。

この委員会に協力してくれそうな保護者のリストをつくることからはじめましょう。彼らのところへ出向いて、協力をお願いしましょう。

体験を通した学びを授業に取り入れる――メイカースペースについて聞いたことがある教師は多くても、それが自分のカリキュラムにどのように関係しているのかについては分かっていない可能性があります。教師によっては、メイカースペースを「遊び時間」に活動する場所と思っている人がいるかもしれません。とくに、高校においてはその傾向が強いでしょう。

情報が行き届かないのは、教師のせいだけではありません。そこで、学校図書館員が彼らのものの見方を変えるお手伝いをするのです。イノベーティブなツールを使えば、生徒は自分が学んだことを表現したり、その方法を選ぶことができます。

生徒が体験を通して学べる授業をつくるために、教師とコラボレーションする機会を模索しましょう。まだ図書館にメイカースペース、プログラミング、バーチャル・リアリティーの設備がないのなら、「明日からそれらの簡単なツールについて探究するという素敵な時間が過ごせる！」と考えてみてはいかがでしょか。簡単なプログラミングの事例を教師に見せるとすれば、ＭＩＴ（マサチューセッツ工科大学）が開発したウェブ版「Scratch」(5)ツールで紹介するのがおすすめと言えます。

レゴ、３Ｄプリンター、あるいは「マインクラフト」を使って生徒が何かをつくりあげる、このような可能性に教師が気づけるようにしましょう。こうした学び方を生徒に選択させることをためらう教師もいるでしょうが、学校図書館員と一緒にチームを組んで取り組めるとなったら、勇気を出して取り組んでくれるかもしません。

スマホやタブレットで使えるフリーコンテンツや「グーグルカードボード」を使って、学習環境を充実させられることを教師に見せましょう。そう

（5）　https://scratch.mit.edu/about を参照してください。

色分けされた教材は、すべての生徒が自分も受け入れられていると感じられるようなツールで、彼らの学びをサポートする

すれば、あなたは学校図書館員という専門職として存在が認められるようになります。こうした基本的なツールについてさらに学び、学んだことを共有するための長期的な計画を立てましょう。あなたが属する学びのコミュニティーは、それによって変わることでしょう。

実現に向けての青写真

ステップ1　コレクションの充実とリソースに焦点を当てる

校内にどのようなニーズがあるのかをもとにして、学校図書館のコレクションを分析してアップデートしましょう。教師と生徒が使うと分かっているアイテムを購入するのです。予算を適正に執行するために、ニーズを事前に把握しましょう。そして、教育委員会のテクノロジー担当や管理職に話をつけて、図書館にイノベーティブなテクノロジーを導入するのです。

もし、まだもっていないなら、ぜひ図書館にメイカースペースを設えましょう。VRステーション(6)も要求すれば、教職員にこのテクノロジーを使う手本を示すことができます。VR設備の担当者になって、学校でVRが使えるようにします。

図書館でこのような変革が起これば、教職員も生徒も惹きつけられることでしょう。それによって、生徒の学習に関する教師の考え方を変えるための機会がたくさんつくれるようになるかもしれません。

ステップ２　「ディスカバリー・チャンネル」や「サファリ・モンタージュ」[7]のようなビデオリソースの使い方をデモする

学校図書館で「ビデオ見放題」の契約をしているならば、ぜひ教師に知らせましょう。彼らは仕事で忙殺されているため、生徒のためにあるこうしたリソースのことをすぐに忘れてしまいます。リマインダーメールを送るのもいいですが、個人的に訪ねていくほうがずっと有効です。

教師の空き時間に行くことができたら、学校図書館サービスにアクセスする方法を簡単に説明することができます。そうすれば、生徒一人ひとりをいかすための学習内容をどのように提供できるのかについて、彼らの考え方を変えることができるかもしれません。ユーチューブの検索よりもビデオリソースが簡単に手に入るとなれば、そのサービスは素晴らしい結果をもたらすはずです。最初が肝心なので、新着任者には、新学期がはじまる前に知らせるようにしましょう。

（６）ＶＲが体験できるコーナーもしくはスペースのことです。
（７）（SAFARI Montage）http://safarimontage.com を参照してください。

ステップ3　教職員研修会を主催して、一人ひとりをいかすためのよい実践を発表しあう

夏休みや学期中、いつでも教職員向けの連続研修会を計画しましょう。管理職に相談して、学校レベルの（全教職員が参加する）研修計画にするのです。ランチタイムに定期的に行うことも、同時に申し出てみましょう。(8)

インパクトを高めるために、生徒に来てもらって教師へのプレゼンをしてもらうのもいいでしょう。生徒は、新しいテクノロジーのデモが大好きです。そして彼らは、テクノロジーを使って授業をより良くする方法を教師に教えるという素晴らしい仕事をしばしばやってのけます。生徒の意見はパワフルなので、教師の考え方を変える力になるかもしれません。

同様に、管理職、技術スタッフ、教え方のコーチ、(9)多文化や特別支援教育のスタッフやチームを組んで、生徒一人ひとりをいかす教え方に転換するための戦略を練りましょう。

> 生徒は、新しいテクノロジーのデモが大好きだ。そして彼らは、テクノロジーを使って授業をより良くする方法を教師に教えるという素晴らしい仕事をしばしばやってのける。生徒の意見はパワフルなので、教師の考え方を変える力になるかもしれない。

ステップ4　授業のあとで、振り返りのために生徒のアンケートをとる

「グーグルフォーム」や「マイクロソフトフォーム」、「サーヴェイモンキー」などのツールを使って、授業や一連のコラボレーション・プログラムのあとに生徒からフィードバックをもらいましょう。アンケートは、授業で印象に残ったことについて、五つか六つのチェック項目に答えてもらうという簡単なものでいいです。もう少し効果を求めるのであれば、四つか五つの選択式の質問と自由記述を組み合わせたものを使いましょう。

質問では、生徒がそのプログラムを通して身につけたと思うことを尋ねます。アンケート結果は、私たちに素晴らしい気づきを与えてくれるはずです。もちろん、なかには真面目に取り組まない生徒もいるかもしれませんが、多くは協力してくれるはずです。

生徒の立場から学びを見てみましょう。その一つの方法が、アンケートでのフィードバックを

---

(8)　その理由は、イベント的な研修を何十回開催しても効果はないからです。「PLC便り、二つの表」で検索して、二〇一五年一一月二九日付の記事にある二番目の表を見てください。継続したサポート／フォローアップがないと研修の効果はまったくないことが分かります！

(9)　教え方のファシリテーターです。主に、小学校で学校のカリキュラムを到達目標にあうように指導する仕事を担っています。教師に教授法や教材、テクノロジーの使い方を教えることも求められる存在です。生徒一人ひとりをいかすための具体的な方法に関心のある方は、『ようこそ、一人ひとりをいかす教室へ』（前掲、北大路書房）（とくに第9章、第10章）を参照してください。

通して彼らの声を拾うことなのです。うまくいけば、生徒が示してくれた素晴らしい気づきを次にいかすことができます。その場合、生徒たちに、彼らの意見がとても役に立つものであったことを必ず伝えるようにしましょう。さらに、管理職に調査結果を見せてください。こうしたフィードバックはあまり行われていないと思いますので、学校全体で取り組む場合のモデルにもなるでしょう。

多くの教師は、生徒に意見を求めるといった方法を考えることはないでしょう。このような調査を行うことで、学校図書館が生徒の意見を聞く方法のモデルとして認識されるようになるかもしれません。

ステップ5　「グーグルクラスルーム」などの学習管理システム（LMS）を使った、生徒一人ひとりをいかす方法のモデルを示す

「グーグルクラスルーム」のさまざまなコンテンツを活用したクイズのつくり方や、質問バリエーション(10)の活用方法を教師に見せましょう。「グーグルクラスルーム」、「グーグルフォーム」などに生徒と共有する動画やその他の教材をアップする方法を教えてもらうことは、教師にとって大いなる助けとなるはずです。

最近、八学年の英語の生徒にクロームブックを使って初めてリサーチの仕方を教えたばかりで

すが、生徒たちにリサーチの作業を教えると同時に、さまざまなツールやウェブサイト(11)を使うことをすすめるとてもよい機会になりました。さらに、教師に教える機会ともなりました。

このような経験をしてもらうことで、教師は「グーグルクラスルーム」を使って生徒一人ひとりをいかす教え方に取り組みはじめるようになるはずです。なお、こうした教師とのコラボレーションをする際には、管理職を招いて学校中に情報を広めてもらうようにも努めましょう。

課題を乗り越える

多くの教師にはそれぞれ馴染みのある教え方がありますので、生徒一人ひとりをいかす教え方を紹介すると反発するかもしれません。なぜなら、仕事量が増えると思うからです。以下に示すような否定的な反応を想定しておきましょう。そして、挫けず、肯定的な方法で、生徒一人ひとりをいかした授業実践をするように、教師を励まし続けましょう。

---

(10)　ほかに、「Edmondo」、「Schoology」、「Google Docs」なども使えます。

(11)　「Google Docs」「Padlet」などです。

『課題1』「生徒一人ひとりにあわせて授業をつくるなんて死んじゃうよ」

この教育の旅に出るにあたって、学校図書館員は素晴らしい道連れになるはずです。生徒一人ひとりをいかす授業を実施するときに起こりがちなさまざまな問題を解決する方法を、教師に提供しましょう。協働する教師もいるでしょう。そして、一人でも協働する教師がいれば、校内のほかの教師もその成果を見ることになります。それによって、図書館でのさらなる学びのコラボレーションが誘発されるはずです。

もし、教師が「大変だ」と嘆くのを聞いたら、迷わず可能な解決策を示しましょう。

『課題2』「生徒一人ひとりをいかすために、学校にどのようなリソースがあるのか分からないよ」

一人ひとりをいかす教え方のために使えるリソースは数かぎりなくあり、それも常に増え続けています。すべての教師が、紹介されるテクノロジーとリソースを全部把握することは難しいでしょう。一方、学校図書館員は、それを把握する最高のポジションにいます。可能なときはいつでも、自分が学んだツールについて教師に情報を提供しましょう。

前述したように、教師たちが学校図書館に来て質問してくるのを待っていてはいけません。職員室や教室にこちらから出向いて、会話がそういう話題になったとき、新しいリソースについて話をするのです。

教師が授業でより効果的に教えることができるようにリソースを集め、情報を提供しましょう。リソースについて問い合わせが来たら、そのときは喜んで支援しましょう。管理職とも成果の共有を忘れないようにしてください。なぜなら、教師と学校図書館員双方にとってよい振り返りになるからです。

課題３　「それは特別支援教育やＥＳＬとしての英語教師（国語教師）の仕事であって、私の仕事ではない」

全生徒の学習スタイルに沿うことを目指して指導法を工夫することは、教師全員の責任です。もし、ある方法で学習内容を提示しても生徒がそれについて学べなければ、彼らができるように教え方を変えなくてはならないのです。それは、教師によっては受け入れ難いことかもしれません。だからこそ、コラボレーションを通して事例をつくりだし、その成果をほかの教師に見てもらうようにするのです。

さらに、全生徒のフィードバックを学校にいるすべての教師と積極的に共有するようにしましょう。生徒たちの声によって、一人ひとりをいかすための役割について教師の考え方が変わるかもしれません。

『課題４』「授業にこれ以上のリソースを増やす時間はない。このやり方で何年もやって来たから」

このように言う教師を誘って、学校図書館でほかの教師と協働してもらいましょう。その経験によって、新たな可能性に気づけるかもしれません。教える方法を改善する時間はあるということを、何とかして彼らに分かってもらうようにしましょう。

完璧な授業などというものはなく、毎年進化させる必要があります。学びは、決して同じ場所にとどまっていてはいけないのです。教師にとっても、生徒にとっても、それは同じです。[12] 継続して学び続け、その成果を学びのコミュニティーと分かちあうことで、成長マインドセットのモデルになりましょう。

ハックが実際に行われている事例

ティモシーの場合

「学校図書館は学校のなかでマルチな役割を担います。ライティング・センターもその一つです」と、ティモシー・ホーラン博士は語っています。博士はニューヨークのハーパグ高校の元英語教師兼学校図書館員で、『学校図書館にライティング・センターをつくる』[13] という本を著しています。「自立した書き手に育てる機会を生徒に提供するという意味でライティング・センターは重要だ」と、博士は言っています。博士の言うライティング・センターは、生徒が書いたものを「直す」ためのものではなく、生徒同士、あるいは学校図書館員から、書き方について学ぶ環境を整えることを指しています。

ホーラン博士は、学校図書館におけるライティング・センターのモデルを開発し、実際に自分の図書館にもつくりました。図書館の印刷メディア、ディジタルメディア、メイカースペースのリソースを利用してセンターを運営するので、立ち上げコストはわずか、もしくはなくてもできます。このプログラムは、とくに特別支援教育の生徒が書くことを学ぶときに役立ちます。これは、管理職に対する重要な売り込みポイントとなります。

---

(12)　成長マインドセットをもつ人は、能力は高めることができ、失敗からも学ぶことができると信じています。また、よい成績や賞をとることを気にするのではなく、学びや成長、向上に目を向けます。成長マインドセットと、その逆の固定マインドセットに関しては、『マインドセット「やればできる！」の研究』（キャロル・S・ドゥエック／今西康子訳、草思社、二〇一六年）、『オープニングマインド』（ピーター・ジョンストン／吉田新一郎訳、新評論、二〇一九年）、『マインドセット学級経営』（ヘザー・ハンドレー他／佐伯葉子訳、東洋館出版社、二〇一九年）を参照してください。

(13)　"Create Your School library Writing Center : Grades K-6"（Librarians Unlimited, 2017）、"Grades 7-12"（Librarians Unlimited, 2016）邦訳されていません。

生徒は、論文のテーマ決めから最終校正まで、書くことに関するあらゆる支援を受けるためにライティング・センターを訪れます。そこで、彼らは書くことのプロセスにおけるすべての段階を学ぶのです。

書ける生徒たちは、チューターとして、構成、アイディアの膨らませ方、リサーチの仕方、文章の改善の仕方について友だちに教えます。生徒チューターの選定は慎重に行われ、個別カンファランス(14)が行えるように一人ひとりが訓練されています。ホーラン博士は、フレンドリーかつスキルをすでに身につけている一一年生と一二年生を対象として、彼らを教えた先輩が推薦した生徒をリクルートしています。

ライティング・センターにやって来る生徒は、研究課題、小論文課題、詩や作文などを持ってきます。数日にわたるさまざまなセッションでは、チューターがよい下書きの書き方や修正の仕方をガイドします。ただし、直接チューターに手直ししてもらったり批評してもらうことが目的ではないため、教えてもらう生徒は自分が書いたものを預けて帰ることはできません。ライティング・センターは自らの学びを促進する場所であって、誰かに宿題をやってもらう場所ではないのです。

セドリーの場合

セドリー・アバクロンビーは、ノース・キャロライナ州のデイヴィッドソン郡の主任図書館メディア・コーディネーターです。「私は、すべての物事がそこを通りすぎるという意味で、学校図書館は『学校の心臓』であるべきだと兼々思ってきました」と、アバクロンビーは言っています。

彼女の心を占めているのはある学校の存在です。その学校は、重度の障がいがある一〇〇人の生徒を受け入れており、その生徒たちは、隣接する三つの教育委員会が担当している校区から通っています。アバクロンビーは、その学校の図書館を、シンプルかつリーズナブルな方法で生徒たちが行きやすい場所に変えました。

まず初めに、内容が適切でなかったり、壊れていたりする本を除籍しました。次に、視覚や聴覚に障がいがある生徒のために、「ドナーチューズ」(15)から手触りと音が楽しめるという、感覚に訴える本を購入しました。

---

(14)　日本にはまだ存在しない考え方なので「指導」と訳したくなるところですが、それでは誤りです。主体は書き手にあり、チューターの役割はあくまでもサポートする（問いかけたり、提案したりする）ことなのです。

(15)　ニューヨークを拠点とする非営利団体"DonorsChoose.org"による、公立学校の教職員と教育に関心のある個人が公立学校に目的指定で寄付ができるサイトです。https://www.donorschoose.org

従来のデューイ十進分類法はやめて、色、アルファベット、恐竜、乗り物、天候などの分野に分けて本を配架し、各コーナーの書架に、表紙が見えるようにして本を配置しました。そのため、本をめくったり眺めたりするのが簡単になり、「見やすくなった」と生徒たちに喜ばれました。

また、本と書架には文字と絵のラベルが貼られ、生徒は読みたい本がすぐに探せるようになりました。伝統的な分類法は特別支援教育を受けている生徒たちには有効でないと判断して、その代わりにアバクロンビーは、生徒が自分の興味に従って本を選んで借りることができるような方法を採用したわけです。

もっともイノベーティブだったのは、貸出手続きをやめて、信頼に基づく方法に切り替えたことです。つまり、生徒は自由に本を持ち出して、読み終わったら本を返し、生徒が務める学校図書館ボランティアがラベルに基づいて本を棚に戻すという方法です。

アバクロンビーは、生徒たちのニーズを考慮し、それにあわせて学校図書館を変えたのです。彼女は次のように言っています。

「ほんの少し手直ししただけで、生徒も教師も図書館を頻繁に使うようになりました。本の貸出も増え、本に埃が溜まる暇がなくなりました。ごくシンプルな信頼のシステムが効果を発揮したのです。生徒たちが喜んで本を家に持ち帰る様子を見ると、努力した甲斐があったと思います。何と言っても、一番重要な存在は生徒なのですから」

学校図書館にはたくさんのツールがあり、生徒の多様な学習スタイルにこたえることができます。学校図書館員は、印刷物と電子的なツールを組み合わせて、一人ひとりの生徒にあわせた教え方に関して教師を支援することができます。

大半の教師は、多様な学習管理システム（ＬＭＳ）やテクノロジーを使う必要が生じたときには「支援」と「助け」を歓迎するはずです。学校図書館員として図書館のリソースを共有して、紹介することで、学習コミュニティーをサポートする機会を整えていきましょう。

夢の学校図書館をつくるために、創造的な資金調達の方法を考える

余計なお金を使わずに予算を増やそう

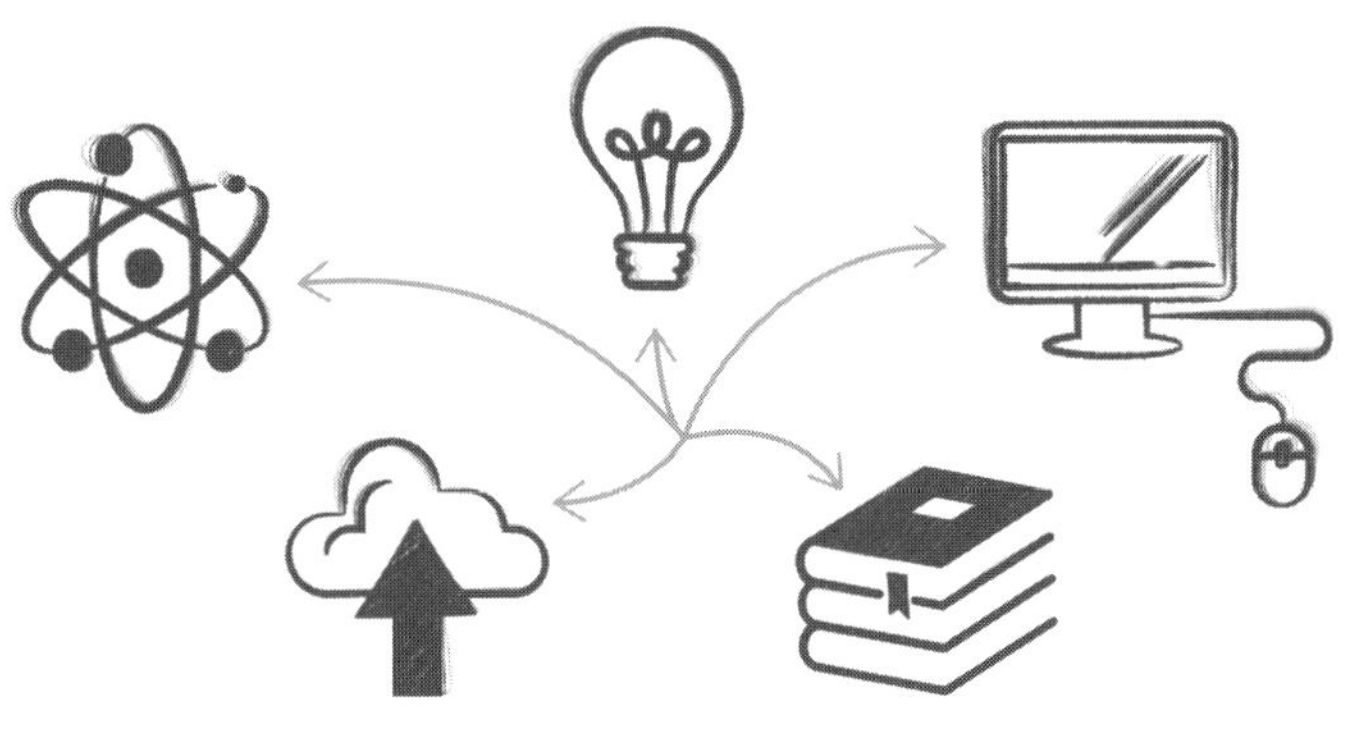

募金活動は、与える喜びを教える優しい技術である。
（ヘンリー A. ロッソ）*

（*）（Henry A. Rosso, 1918～1999）とくに、非営利団体の資金調達で才能を発揮した作家です。

問題――学校図書館の予算が削られている。常に最新で、価値があり、未来の準備ができるところであるべきなのに…

学校図書館は学校の中心にあります。(1) そして、印刷資料とディジタル資料にアクセスできる場所です。すべての生徒が生涯学習者となるために不可欠となるスキル、それを伸ばすために必要な施設が学校図書館なのです。

理想とされる世界では、その目標を達成するための資金は保証されているはずです。しかし実際には、公立学校の予算は教育委員会によって決定されており、その額によって学校図書館ができることは決まってしまいます。

ハードカバーの小説はおおよそ一五ドル（現在、一ドルは約一〇五円）、ノンフィクションは二五～三五ドルです。このように資料費が高いので、生徒にとって価値があり、適切で、最新で、ニーズにもこたえられていて興味がもてる本を学校図書館が購入することが難しくなっています。統計的に見ても、古くなったり利用されなくなった不要図書を棚から取り除くだけでは図書館資料は若返りません。新しい本を購入することでこそ、大きな動きが出てくるのです。

予算は、電子書籍、データベース、雑誌、テクノロジー、ウェブサイトの購読、メイカースペースの物品、家具、そして事務用品にも必要なものです。予算のバランスをとること、生徒や教師が必要とするものを提供するための創造的な解決策を見つけることなど、学校図書館員はまるで魔法使いになることを求められているかのようです。

とはいえ、困窮している地域でも、裕福な地域でも、予算をつくりだしたり埋めあわせたりする方法を見つけることはできます。

ハック——夢の学校図書館をつくるために、創造的な資金調達方法を考える

現実を認めましょう。宝くじに当たる可能性はほとんどありません。そして、学校図書館のために莫大な助成金[2]を勝ち取る競争は激しいものとなっています。学校図書館員として、資金調達

(1)　日本では、建物の中心から遠い場所に図書館があることが少なくありません。よい学校のつくり方について書かれた『いい学校の選び方』(吉田新一郎、中央公論新社、二〇〇四年)のなかでは、一番端にあった図書館を真ん中(そこを通らないとどこへも行けないところ)に移動した学校について紹介されています(九～一〇ページ)。まさに、学校のハブと位置づけたのです。やる気さえあれば、できないことはありません！

(2)　助成金を出している財団などのリストが、『読む文化をハックする』(ジェラルド・ドーソン／山元隆春他訳、新評論、二〇二一年)の巻末に掲載されています。

のためにもっとできることはないかと考える必要があります。格安のリソースを見つけて、持続可能性、倹約、創意工夫の価値を生徒に知らせましょう。また、資金集めの活動を通して、生徒や家庭、地域の人々との関係性を築くこともできます。

こうした活動は、共通の目的のために他者と協働するいい機会になりますし、学校図書館の必要性についての意識を高めることにもなるでしょう。成功の裏にある努力に生徒が気づくと、感謝の気持ちも芽生えます。資金を得るためのコツは、創造的な方法を見つけることです。そしてそれは、あなたが考えているほど難しいことではありません。

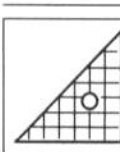

あなたが明日にでもできること

リサイクルして、目的以外の使い方で使う――違った面からモノを見ることによって、学校図書館で使える方法を見つけると同時に、環境に配慮することができます。カトラリーを収めるための引き出しトレー(3)や、回転式の収納用品を使って事務用品を整理することができます。シリアルの空箱で雑誌入れができます。古いＤＶＤのケースは携帯のホワイトボードになり、マーカーのスポンジは消しゴムとして使うことができます。もっと多くのアイディアについては、「ハック

1　図書館のスペースを変える」を見てください。

何かを捨てようとするとき、何らかの寄付を断ろうとするとき、一度立ち止まってリサイクルできないかと考えましょう(4)。

無料でもらえるものを見つける――「ある人にとってのゴミは、別の人にとっては宝だ」とよく言われます。書架の見出しに使えるペンキの混ぜ棒が必要ですか? そんなときは、「クレイグリスト」や「フリーサイクル・ネットワーク(5)」を検索してください。

ディスプレイから解放される時間を楽しむためのボードゲームは必要ですか? 友だちや家族、近所の人に、大掃除のときには「ひと言知らせて」とお願いしておきましょう。「グーグルカードボード」とVRを生徒に紹介することは考えていますか? 教育委員会のフェイスブックに、

---

(3)　箸やスプーン・フォークなどを収納する引き出し型トレーのことです。日本では、文房具仕分けのためのトレーは百円ショップなどで購入できますから、あえてキッチン用品を使うことは少ないかもしれません。

(4)　学校の倉庫などをよく見ると、リサイクルできそうなものが見つかります。リメイクするとさまざまなモノに生まれ変わります。

(5)　(Craigslist)サンフランシスコ・ベイエリアのローカル情報を交換するためのサイトとして開設され、二〇〇九年四月現在、およそ世界五〇か国、五七〇都市向けのサイトを擁しています。日本版は、https://tokyo.craigslist.org/ です。そして、不要品をリサイクルためのサイトは、https://freecycle.org です。

「不要になったスマートフォンが欲しい」と投稿しましょう。

フリーマーケットや不要品処分が家の庭先で行われていたら、終わるころ、欲しかったファイル棚が無料で手に入るかもしれません。フェイスブックのマーケットプレイスを検索して、売れ残った場合に寄付してくれないかと出品者にメッセージを送ってみましょう。

お誕生日ブッククラブをつくる――生徒の家庭に、子どもの誕生日記念として学校図書館に本の寄付をお願いしてみましょう。本の表紙に生徒の名前が分かるプレートを取り付け、誕生日の当日、図書館で本人にその本を朗読してもらうのです。そして、本を持った生徒の写真を撮って、お礼状を添えて生徒の自宅に送りましょう。

リソースを共有する――同じ教育委員会内の学校図書館間で貸借できる仕組みを構築して、互いに利用できるようにしましょう。必要性が低い高価なもの、たとえば3Dプリンター、缶バッジメーカー、ビニールカッター、Tシャツプレス機などを検討している場合は、複数の学校から資金を集めて購入し、共同利用ができるようにスケジュール表をつくりましょう。また、地元の公共図書館に協力を依頼して、生徒が学校図書館で利用する本やリソースを借りられる仕組みをつくりましょう(6)。

店でお買得に購入する——消耗品などを購入する現金や非常用の予算がある場合は、地元のディスカウントショップや手芸店で、季節外れとなった安く買えるものを購入しましょう。「公費支払いでよいか」と尋ね、紙のクーポンやディジタルクーポンも集めるようにしましょう。また、よく利用するお店のお得な情報を受け取れるサービスに登録し、同じものを複数買えるように、教職員や保護者にもクーポンを集めてほしいと頼んでみましょう。

完全実施に向けての青写真

より大きなプロジェクトへの資金調達を考えるならば、長期的な計画、たとえば特別なイベントの開催や助成金をもらうことを検討しましょう。このような計画には多くの時間と労力が必要となりますが、ほかの人たちと協力できる素晴らしい機会となります。募金活動を通じてボランティアと関係を築くことは、生徒が情報にアクセスする権利を与えることになります。そして、夢の学校図書館をつくることにもつながります。

（6）日本では、すでにこの制度をもっている公立図書館は少なくありません。問題となるのは貸出冊数かもしれません。その上積みをお願いする価値はあります。

ステップ1　生徒を巻き込む

起業家精神のスキルは、生徒が責任感を獲得して、人前で話すことや会計処理、創造性、マーケティングなど、将来行うことになる職業の準備をするために役立ちます。(7) 生徒に販売物品のデザインを担当してもらいましょう。缶バッジ、Tシャツ、ポップソケットなどは、よく出てくるアイディアです。また、祝祭日に、クラスの友だちに贈る「メッセージ付きのプレゼント」(8) をつくって売るというのも一つのアイディアです。

さらに、毎月「ペニー・ジャー・ブック投票」(9) を行うというのはどうでしょうか？　学校図書館に新しく購入してほしい本の投票を、瓶に小銭を入れて行ってもらうのです。その寄付を活用して、当選した本を購入しましょう。

ステップ2　目立つイベントを計画する

生徒は、教師や管理職が資金調達のイベントに参加(10)してくれることを喜ぶものです。氷水が入ったバケツを校長に浴びせたい人がきっといますよね。生徒が資金調達の目標を達成したら、教師に髭を剃るか髪を切るように頼んでみましょう。もっとも多く集めた生徒には「一日学校図書館員」になってもらったり、クラス全員が参加できるピザパーティーなどを計画しましょう。

そのほか、資金を集めながら読書も進められるポジティブな方法として、生徒が読んだ時間に応じてスポンサーから賞品がもらえるという「リーダソン[11]」があります。

ステップ3　コミュニティーに依頼する

古い本棚を塗り替えるときでも、新しい本棚を購入するときでも、生徒のために学校図書館をよくする方法についてPTAに相談しましょう。保護者のなかに、よいネットワークをもっている人や隠れた才能をもっている人がいるかもしれません。「地域の市民団体[12]」に働きかけて、本

---

(7)　モバイル機器を使う際に、滑って落下しないように手をかけるためのハンドルのことです。

(8)　アメリカでは、祝日にはちょっとしたプレゼントにメッセージを添えて贈ります。それを「グラム(gram)」と呼びます。「Telegram(電報)」の「-gram」から来ているようです。原書では、クリスマスでのペンシルグラム(鉛筆にメッセージを添えたもの)、バレンタインデーでのシルクの造花が紹介されています。学校での募金活動として「グラム」を売っている例もあります。

(9)　一セント硬貨(ペニー)をガラス瓶に入れて投票します。

(10)　「アイス・バケツ・チャレンジ」と呼ばれていますが、これは筋萎縮性側索硬化症(ALS)の研究団体に寄付をするか、バケツに入った氷水をかぶるかのどちらかをしようというイベントです。

(11)　本をたくさん読んで、読んだ時間を記録して、その分の募金がもらえるという活動のことです(https://www.read-a-thon.com/)。日本の大学生協や企業協賛で行っている「読書マラソン」では、読んだらポイントがもらえ、それが貯まると商品券などがもらえます。

(12)　たとえば、ロータリークラブ、ライオンズクラブ、青年会議所などが考えられます。

のコレクションやテクノロジーの追加など、具体的なリソースの支援を依頼しましょう。

地元のレストランやショップに、一晩分の収益を寄付してもらえないかと頼んでみてください。多くの人が喜んであなたに協力し、新規の客を引き付けるための宣伝になると考えるでしょう。また、地元の商工会議所と協力して、個人店で使える割引クーポン冊子をつくりましょう。クーポン冊子を売ることで、お金を集めるだけでなく、町の小さなビジネス支援にもなります。

ステップ4　企業とつながる

地元にある小規模店から寄付を受けるほうが達成の確率は高いかもしれませんが、より大きな企業からの寄付についても検討してみてください。校長に、学校名が入った正式な便箋で大企業宛に手紙を書いてもらうように依頼するのもいいですし、自分で直接メールを送ってもいいでしょう。ウェブサイトにおいて、「寄付リクエスト」、「スポンサーシップ」、「現物寄付」、「コミュニティー支援」、「慈善的贈与」、「企業寄付」といったキーワードで検索してみてください。もちろん、フェイスブック、ツイッター、インスタグラムなどのSNSを通じて企業とコンタクトをとることもできます(13)。

寄付が生徒や学校図書館プログラムにどのような影響を与えるかについて、企業側に具体的に示しましょう。

ステップ5 ブックフェアを実施する

スカラスティック（Scholastic）社のブックフェア[14]は、学校図書館の予算を補うための伝統的な方法と言えます。ブックフェアは小学校や中学校の生徒に人気があり、ほかのイベントと同時開催も可能です。設営は簡単で、台車を置いてさまざまな本や製品に値段をつけて展示するだけです。イベントに「リワードカタログ[15]」に出ている商品も展示すれば、参加者は本だけではなく家具、最新機器、メイカースペースでつくられた物品が買え、ディジタルの定期購読、さらには著者とスカイプで通話することもできます。最近では、フォレット社[16]が中学生や高校生にアピールする幅広い本を提供しており、本流ではないこの分野にも参入してきています。

学校でのブックフェアのほかに、書店でのブックフェアがあります。地元の書店は、イベントの素晴らしい会場となり得ます。準備の必要もありませんし、幅広い種類の本を提供することが

（13）製品を寄付してくれる企業として、Home Depot, Duck Brand duct tape, Oriental Trading, Costco, Build-A-Bear, Panera Bread, Joann Fabrics, Staples, Stampin' Up, CVS, and K'Nex があると原書では紹介されています。日本でも、探してみるとあるかもしれません。

（14）教育関連の書籍や教材を出版しているスカラスティック社が運営しています。

（15）スカラスティック社が発行する教材のカタログのことです。

（16）（Follett）イリノイ州を拠点とする老舗の教科書卸企業です。

できます。コミュニティーのイベントとして開催すれば、音楽や歌、芸術品や工芸品、借り物競争や雑学ゲーム、詩の朗読、著者のサイン会などもできます。

資金を得る簡単な方法としては、ウェブ上の資金調達プログラム(17)があります。これを利用すれば、必要な本、電子書籍、オンラインデータベース、DVD、教育ソフトウェアを入手できる可能性が高まります。

ステップ6　イベントを計画する

学校で行う募金活動は、学校図書館の資金を集めつつ、家庭と学校を結びつけることにも役立ちます。STEM（ステム）を体験する会、絵を描く会、ゲーム大会などを検討してみましょう。リサイクル可能な材料と低コストの材料を使って、一番高い塔、最強の橋を造るような「STEMチャレンジ」を実施してください。

もし、絵を描く活動を行うときには、美術教師に対して、生徒やその親に教えるためにその才能を発揮してほしいと頼んでください。また、端末を使わない昔ながらのパーティーゲームやボードゲームで家族の交

> 学校内の募金活動は、学校図書館の資金を集めつつ、家庭と学校とを結びつけることにも役立つ。STEMを体験する会、絵を描く会、ゲーム大会などを検討してみよう。

訳者コラム

イベントで行われるゲーム紹介

本文で紹介されている「STEM チャレンジ」の方法は、ストローで橋を造り、その長さと強度とを競うものですが、日本の「フェリーチェ玉村国際小学校」（〒370-1102　群馬県佐波郡玉村町飯塚345　TEL：0270-30-2022）でも行われました。その様子は、QR コードを参照してください。

募金型のゲームとは「ThinkFun」という企業が行っている学校向けの募金活動のことで、「ThinkFundraiser キット」（費用：90ドル）の収益から40％が募金として獲得することができます。

「キャンディーランド」は、アメリカではポピュラーなボードゲームで、日本の双六ゲームのようなものです。図書館内で等身大のゲームを行っている例として、https://www.pinterest.es/pin/199565827218777311/ を参照してください。また、「家族向けプログラミング教室」として、原書には「Family Code Night」（http://www.familycodenight.org/）が提供するプログラミング教室が紹介されています。

流を図るようにしましょう。ゲームが一〇種類も入っているキットを家庭用として注文すると、収益の四〇パーセントが獲得できるという募金型のゲームもあります。

等身大の「キャンディーランド」やチェスのゲームは、その日を思い出深いものにします。年長の生徒向けには、家族で楽しい日を過ごすために「脱出ゲーム」の会社と提携することを考えてみましょう。さらに、プログラミング思考を促進するために無料の家族向けプログラミング教室を主催して、軽食や飲み物を売るという方法もあります。

ステップ7　クラウドファンディングを使う

大規模なプロジェクトを念頭に置いている場合は、クラウドファンディングを考えてください。(18)はじめる前に、クラウドファンディングに対する教育委員会の方針を調べ、ニーズにあった方法を選択してください。

あなたが学校や地元、ＳＮＳにおいて強いネットワークがあるならば、助成金の書類を書いたり多くの人と競争して資金を求めたりするよりは成功する確率が高いでしょう。また、クラウドファンディングは、公共の場において学校図書館のプログラムを紹介する機会ともなります。

課題を乗り越える

学校図書館の資料を購入する場合、生徒や教職員、管理職が必要とするものや希望するものとの間でバランスをとるというのが一般的となっています。学校図書館員は、授業と生徒の興味関心に沿った適切な蔵書をつくるために、優先順位を付けたり、難しい決定をしたりしなければなりません。蔵書は、学校全体に役立つべきものでなければならないからです。

さらに、本、消耗品、最新機器への出費が嵩み、蔵書を構築する際には問題が生じる場合もあります。予算が少ない、あるいはまったくないために無視されるといった学校図書館もあります。それを変えようとしたり、柔軟に考えようとしたりすると抵抗に遭うことがあります。以下は、よくある批判に対する答えの例です。

『課題1』「私は学校図書館員なので、資金調達ではなく教えることに自分の時間を割くべきだと思っている」

確かに、助成金の書類を書くためには時間がかかります。採択される書類を書こうとするならば、なおさら時間が必要になるでしょう。しかし、資金がないからそれでいい、ということにはなりません。勤務研修の時間や学校で行われる会議の時間を、助成金について調べたり書類を書いたりすることに当てていいかと、上司や校長に尋ねてください。そして、この助成金が、生徒の学習と使用頻度の高いリソースへのアクセスについて、どのように改良することができるのかに関して説明をしてください。

---

(17)　原書では「MackinFunds.com」が紹介されています。教育委員会、学校、図書館、教室に資金を寄付するためのオンライン上のプログラムで、特定の募金目標が設定できます。最少寄付額は一〇ドルからとなっています。

(18)　アメリカには、「Adopt A Classroom」、「PledgeCents」、「Indiegogo」、「GoFundMe」、「Kind.Fund」、「Fundly」、「DonorsChoose」などがあります。

管理職は、あなたが先を見越して学校図書館を改善しようとしていることを知って喜ぶはずです。そして、全校で行う読書イベントやオーサービジットのための助成金応募に協力する、と言ってくれるかもしれません。さらには、助成金の応募を教職員図書委員会の仕事の一部として考えてくれるようになるかもしれません。

教師は自分の授業に利益があると思えば、あなたとのコラボレーションに興味をもつでしょう。一緒に考えて作業すれば、各教科の基準や内容を引用して、より強力な助成金の書類を仕上げることができます。

課題2 「ある図書館が、ほかの図書館より多くのリソースにアクセスできるというのは不公平だよ」

本当に不公平なのです！　リソース、教師、将来に備えるために必要となる学習環境に対するアクセスは、すべての生徒に対して同じであるべきなのに、州ごとに独自の権限と資金があり、教育委員会ごとに異なる予算配分がなされています。

他校の生徒の心配をするよりも、直接触れあう生徒をサポートする必要があります。学校図書館員は、「自分の」生徒の支援者となることが必要なのです。

すべての生徒は、等しく学習機会を得る必要があります。ですから、これまで学校図書館を使ってこなかった生徒に対しても、公平に図書館を利用する方法を見つける必要があります。つまり、ほかの学校がどのように図書館を運営しているかにかかわらず、自分たちの図書館をどのようにデザインするのかについて創造的になるべきだ、ということです。

課題3　「学校図書館に必要なものはすべて教育委員会が供給すべきだと思う」

教育委員会で行われている予算管理は、一つの学校図書館の予算管理よりもずっと難しいはずです。働いている人の給料、手当、運用コスト、保険など、私たちが考える必要のないものが多いわけですが、少なくとも、資金をどのように公平かつ適切に配分するかについては議論する必要があります。

学校図書館員である私たちは、すでにもっている調べる力や書く力を駆使して学校によい変化を起こすことができます。ですから、困難を乗り越え、解決する方法を見つけるために自信をもつ必要があります。

教育委員会との話し合いは、文句を言う場でなく、学校の管理者とともに学校図書館のニーズの高まりを訴えるためのよい機会であると捉えるようにしましょう。

ハックが実際に行われている事例

ドーンの場合

「学校図書館プログラムを補完するためのあらゆる方法のなかでは、小規模な助成金が一番適していると言えます。申請書を書くための時間があまりかからず、使い道が特定されているので、大規模な助成金申請をする場合のように学校のデータを公開する必要がありません」

このように語ったのはドーン・コジアーツです。彼女は、ニューヨークのコピアーグ中学校の学校図書館員であり、西サフォーク郡の「二〇一六年優秀学校図書館メディアスペシャリスト」[19]でもあります。

コジアーツは、助成金の書類を書くとき、「聞かれていることには真正面から、完璧に、そして明確に答えることにエネルギーを注ぐべきだ」と言っています。さらに、もっとも重要なこととして、生徒について、助成金の必要性について、要求する物資や資源について、そしてその助成金が学校図書館プログラムにどのような影響を与えるのかについて書くことだ、と強調しています。

正しい文章の書き方をすること、誤字脱字がないこと、書式を整えることが最低限必要となります。完璧に書かれた書類は、努力と心を込めたことを示す証拠になります。さらにドーンは、「助成金を提供する人の使命が、学校やコミュニティーの使命と一致しているかどうかを確認する」よう、学校図書館員に促しています。

このほかに重要な点は、助成金の提供に対してフィードバックが求められている場合、常に状況をフォローし、いつでも意見が述べられるようにしておくことです。こうすることによって助成金担当者と関係を築くことができますし、将来の計画においても資金が得られるパートナーになります。

学校図書館に贈られるものを受け取る際に気をつけなければならないことは、しっかり調査を行うということです。「一部の自治体では、資料の寄付や助成金に関する規則があります。資源を獲得するための、すべての規則に従わなくてはなりません」と、コジアーツは述べています。寄贈されたものを特別な方法でデータ化したり、目録をつくったりする必要があるのかどうか、それらをどのように使うのか、また最終的にどのように廃棄するのかについて確認することは、学校図書館員であるあなたの責任となります。

---

(19)　ニューヨーク州が設立している教育サービスを提供する組織である「BOCES（The Board of Cooperative Educational Services）」のサフォーク郡支部が選出している賞です。

学校図書館員として、生徒と教職員全員にサービスすることがあなたの仕事です。裕福な地域でも、ほとんどの生徒が無料や割引のランチ資格をもっているような貧しい地域でも、すべての生徒が、成功するために必要なリソースにアクセスできなければなりません。募金活動は学校図書館員の仕事内容に含まれていないかもしれませんが、その仕事は、エキサイティングな学校図書館プログラムをつくるための素晴らしい資金源となるのです。

また、リサイクルでより良いものをつくりだすこと、イベントの開催、そしてすべての関係者を巻き込むことは、生徒や学校全体に利益をもたらすことになる「夢の学校図書館づくり」をするための助けとなります。(20)

(20)　資金源の獲得を含めて、すべてを自分でやろうとする必要はありません。資金集めやイベントの開催、リサイクルが好きな人や得意な人を見いだして協力してもらえれば、同じ効果が生みだせることを忘れないでください。

学校図書館の重要性を主張する

利用者にとっての価値を伝えよう

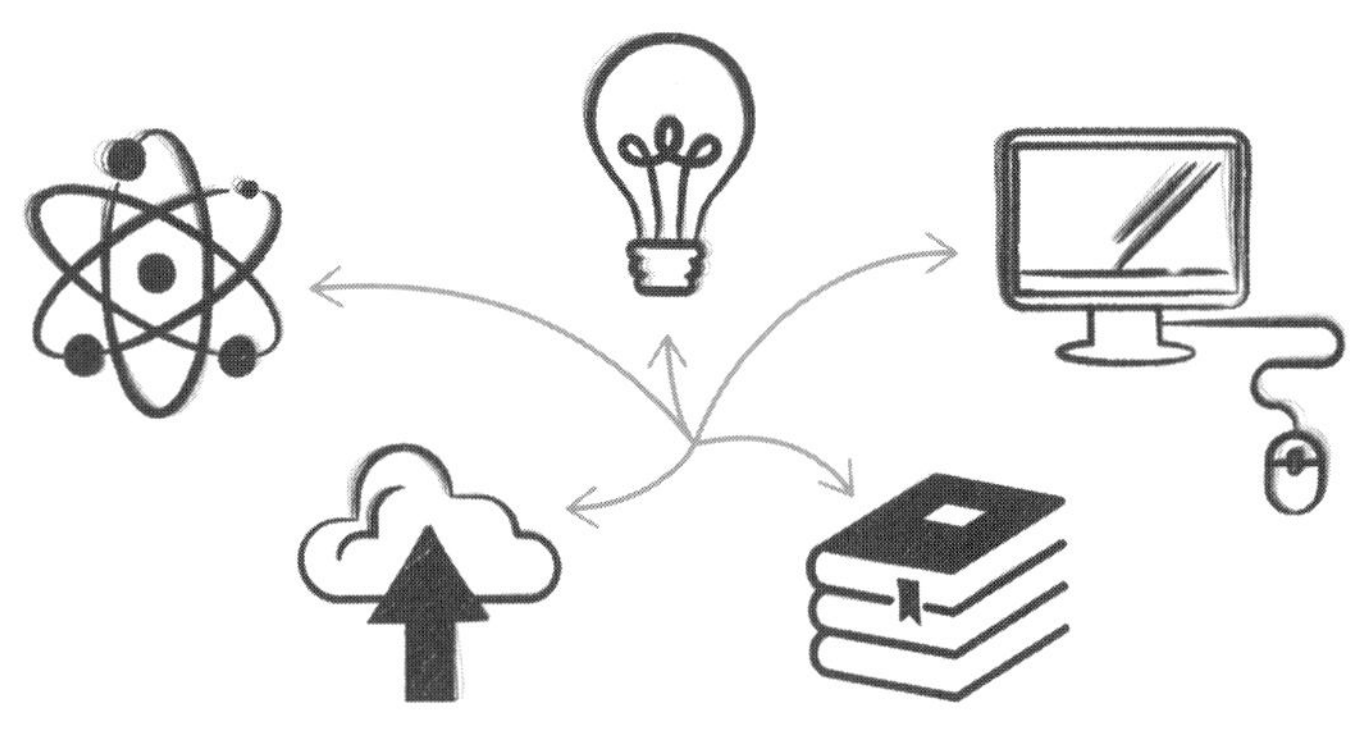

あなたの価値は、あなたが人々の問題を
解決しはじめた瞬間に生まれる。
（トプシー・ギフト）*

（＊）（Topsy Gift）ゴスペルミュージシャン。人を奮い立たせる国際的な話し手であり、ブロガーでもあり、女性と子どものための人権活動家でもある。

問題点——デジタル世界にあって、図書館は時代遅れだと思っている人がいる

図書館員の誰しもが、「インターネットが無料の情報をたくさん提供しているので図書館はなくなる」という言葉を耳にしたことがあるでしょう。また、生徒はすでに学校図書館に足を向けない、とも言われています。しかし実際には、学校図書館と学校図書館員は学校のなかでかつてないほど必要とされているのです。

すべての生徒が教育テクノロジーを使いこなせるようにと教育委員会が次々と機器を導入してくると、教師も生徒もついていくことができません。そうなると、学校図書館と学校図書館員は、ますます自分たちが解決の一部を担えると気づくことになります。というのも、生徒と教師が協働する場所を提供することができるからです。

多くの教師が、技術的なサポートをすれば必ず感謝してくれます。ですが、それは図書館の技術がどれほど進んでいるのか、図書館がどれほど重要なのかについて、学校のコミュニティー全体が理解してくれているということではありません。よって学校図書館員は、学校図書館での出来事やコラボレーションについてコミュニティーに知らせるために、SNSや学校のメディア、そして地元新聞において示していく必要があります。

私たちは仕事に対してイノベーティブでなければならず、図書館プログラムの価値を増やす方法を見つけなければなりません。とはいえ、イノベーティブであるだけでは十分とは言えません。その結果を公表しなくてはならないのです。私たちの活動を私たち自身が語らなければ、いったい誰が語ってくれるのでしょうか？　人々が図書館を認識する方法を変えるときが来たのです。

ハック——学校図書館の重要性を主張する

学校図書館員は、プログラムが今いかに価値のあるものかを示すことで学校図書館に対する認識を変えることができます。学校図書館員の多くは、これを自慢と考えるかもしれませんし、自分たちの活動について話すことに気が引けるかもしれません。しかし、情報が生徒に焦点を当てたものであったり、教師中心のものだったりすれば、宣伝ではなく肯定的なコミュニケーションとして見なされます。

管理職や学校図書館の関係者は忙しくて、定期的に図書館プログラムを参観することが難しいかもしれません。図書館で何が行われているのかについて彼らに知ってもらいたいと思うならば、ＳＮＳなどを使って図書館のイベントを伝えなくてなりません。図書館での出来事を撮影した写真やビデオを管理職に提供するためのプラットフォームを利用してください。そして、月ごとの図書館統計から教室でのコラボレーションの写真まで、すべてを共有してコミュニティーのニュースとして図書館のことを掲載しましょう。

学校図書館の関係者はこの透明性を高く評価しますし、その更新を楽しみにすることでしょう。テクノロジーを使っている生徒、メイカースペースでつくりだされた作品、ウェブカメラによるほかの組織との連携など、イノベーティブな活動を共有するようにしましょう。さらに、学校のSNSや地域の新聞にも紹介してもらえるように写真を送ってください。

学校図書館員は、図書館での出来事を紹介することが不可欠なのです。ほかの誰もこの話をしてくれるわけではありませんし、関係者は学校図書館のプログラムの価値に気づけないかもしれません。毎月の貸出統計を、関係者がいつでも簡単にチェックできるようにしてください。これをすると、図書館についての質問がどれほど生徒や教師から出ているかを知って驚くかもしれません。

そして、問題点を共有することも恐れないでください。もし、何か月

テクノロジーを使っている生徒、メイカースペースでつくりだされた作品、ほかの組織とのウェブカメラによる接続など、イノベーティブな活動を紹介しよう。

にもわたって貸出統計が減少した場合でも公表して、貸出統計を増やすためのプランを共有しましょう。もちろん成功した場合は、どんなに小さなことでも紹介してください。学びのコミュニティーに図書館の統計を公表すればするほど人々の興味は高まり、つながりが深まります。

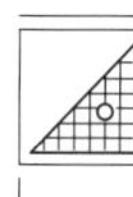

あなたが明日にでもできること

もっとも重要な学校図書館サービスを紹介するために「三〇秒スピーチ」、「インフォグラフィック」、チラシを用意する——「三〇秒スピーチ」[1]は思いもよらないときに役立ちます。学校図書館が重要であることと学校図書館員の役割が不可欠であることの理由について、簡潔に示すリストをつくることに時間をかけてください。

学校図書館の関係者は、学校図書館が何をしているところか、何をすべきところかについて時

（1）　原書では「エレベータースピーチ」となっています。元々は、ビジネスの世界において重役とエレベーターに乗りあわせた際のチャンスを使い、三〇秒程度の間に自分のアイディアなどについて短くまとまった話をするということから来ています。アメリカ図書館協会のホームページでは、学校図書館で活用できるものとして紹介されています。「ala, elevator speech」で検索してください。

代遅れの考え方をしているかもしれません。また、学校における学校図書館員の役割についての考え方は人それぞれかもしれません。学校図書館の使命について簡潔に説明できるようにいつも考えていれば、校長や教育長、教育委員会のメンバー、保護者から、あなたが何をしているのか尋ねられたときに活用することができます。機会が訪れたときはいつでも、最近行ったプログラムと生徒の活動についての写真や短い話が紹介できるようにしておきましょう。

「三〇秒スピーチ」は素晴らしい方法ですが、写真やビデオを見せることができればもっと力強いアピールとなります。図書館プログラムのなかで生徒が成長している様子を話せばさらに強力なものとなります。また、「インフォグラフィック」(2)も、学校図書館の最新統計を示すための優れた方法と言えます。たとえば、月間貸出数、授業の予約、教師とのコラボレーションなどをそこに入れることができます。

図書館を学校における多彩なサービスの提供者と捉えるのです。図書館でチラシやパンフレットをつくって配付し、利用可能なサービスを知ってもらいましょう。間違っても、提供されているサービスを利用者が知っているという前提で考えないようにしてください。この情報によって、思いもよらない誰かに対するサービス向上につながるかもしれません。ある図書館サービスが、教師や生徒がまさに必要としているものかもしれないのです。

名刺、Tシャツ、バッジをデザインする――訪問者は名刺を持ってくるものです。名刺は、メール、学校の電話番号、ウェブページ、SNSへのコンタクト情報、ブログのアドレスなどを共有することになります。この小さな紙が、少なからぬ人との接点をあなたにもたらすことになるかもしれません。ですから、少し時間をとって、少量でいいので名刺をつくって利用できるようにしておきましょう。「名刺の無料テンプレート」で検索して、自分の名刺をデザインして、インクジェットプリンターやレーザープリンターできれいに印刷することができます。

スタッフと図書委員の生徒のために、学校図書館のTシャツやバッジを購入することも検討しましょう。ほかの組織にはこうしたアイテムがあり、素晴らしい広告として役立っています。校内や地域で、多くの訪問者や人々がそれらを目にすることになります。それによって、図書館と多くのサービスが学校にとって重要であるという明確なメッセージを伝えることができます。

職員会議や教科会議で話をさせてもらえるように依頼する――職員会議で学校図書館のリソース

---

(2)　情報やデータを視覚的に表現した資料のことです。単にグラフや図が掲載されている資料というよりも、デザインそのものにも情報や主張があることが特徴となっています。スクール・ライブラリー・ジャーナルのホームページには、図書館員がテクノロジーの先導者であることを主張するためのインフォグラフィックがダウンロードできるようになっています。https://www.slj.com/?detailStory=infographic-librarians-embrace-tech-instruction

や新しいテクノロジーを紹介する機会を探しましょう。教師にプレゼンするべき事項は常にありますし、校長は議題に追加するべき内容をかなりの割合で歓迎するはずです。また、教師と生徒が利用できるリソースを見てもらうために、小規模な教科会議や学年会議も活用しましょう。

教師との強固なつながりは、教師が授業計画をつくっているときに一対一でやり取りすることから生まれます。これは、職員室、廊下、コピー機のところなど、どこでも可能です。このような話から、さらなるコラボレーションや教室を訪問する機会が得られるでしょう。新年度に、教科ごとの準備会議のなかで発言することもできます。これは、新年度の準備をしている教師に新しいリソースを見せる機会ともなります。

年次報告書を書く——学校図書館プログラムの成果を伝えるために、年度末に年次報告書をつくって提示しましょう。学校図書館の関係者は、資金を提供しているにもかかわらず、さまざまなプログラムのちょっとした断片を垣間見るだけでしょう。年次報告書で、貸出、授業の予約、生徒の動きの統計、新しい本の追加、棚から取り除いた本などに関する詳細なデータを彼らに示すことができますので、図書館の価値についてより良い考えを提供することができます。

ツイッターやフェイスブックをすでに活用している学校図書館員であれば、年次報告書のなかでこれらのサービスの統計を示すことができます。どちらもＳＮＳへの投稿や閲覧、共有された回数などを記録することができますので、周囲の壁を越えて図書館や学校がどれほど見られているのかが分かります。これらの安上がりな宣伝は、学びのコミュニティー全体にとって素晴らしいことなのです。学校図書館プログラムで何が起こっているのかを聞いてうれしく思ってくれる学校関係者にもっと情報を届けるために、教育委員会の会議で年次報告書[(3)]を紹介させてもらえるように頼んでみてください。

完全実施に向けての青写真

ステップ１　ＳＮＳとブログをはじめる

学校図書館の出来事を幅広い人たちと共有することは、かつてないほど簡単になりました。ツイッター、フェイスブック、インスタグラムは、図書館プログラムの写真やちょっとした説明を掲載するのに最適な手段です。もし、教育委員会が許すのなら、これらのツールを使って投稿することでＳＮＳにコミュニティーをつくり、自分の図書館のプログラムや仕事について語ってく

（３）報告書と言っても、あまり分厚いものは読まれませんので注意しましょう。要約的な本文と、資料編としてのデータやプログラムの内容などを説明した部分に分けるといいと思います。

ださい。(4) そうすれば、管理職、教師、生徒や保護者は、その場にいなくても図書館で起こっていることについて知ることができます。

これは、SNSが図書館と学校の「窓」になるということです。もしもこれらのことに不慣れならば、ゆっくりはじめてもかまいません。もちろん、利用可能なSNSすべてに投稿しなければならないということではありません。あなたがもっとも頻繁に利用するSNSからはじめるのが一番よいでしょう。個人的な投稿とともに図書館のことを紹介するのが難しい場合は、個人用のアカウントとは別に仕事上のアカウントをつくりましょう。

さらに、図書館のプログラムに関する自分のブログをはじめてください。これによって、より詳しい話を図書館の関係者と共有することができ、州、国、世界のほかの学校図書館員とつながることもできます。これらのつながりによって、あなたの学びに新しい可能性が生まれてくるはずです。またブログは、図書館を訪問する時間があまりない管理職に対して、図書館の出来事を共有するという新たな方法となるでしょう。

ステップ2　学校図書館プログラムの目玉を紹介するために、PTAと教育委員会の会議でプレゼンする

学校の関係者にプレゼンすることで、学校図書館プログラムの認識を変えることができます。

ＰＴＡは、教師と生徒が学校で行っていることについて語れる話し手をいつも探しています。学校図書館員は、最近の図書館プログラムやコラボレーションを写真や話で提示したり、図書館プログラムの価値を示したりすることができます。教育委員会の委員や担当者は、図書館プログラムにお金を割り当てていますので、最近の出来事を紹介することは彼らの貢献に対する素晴らしい返礼になります。また、学校関係者との会議は、図書館の統計を共有する絶好の機会ともなります。生徒に、最近のプログラムや学びでのコラボレーションの効果について話してもらいましょう。

このような会議に時間を費やすことに価値があると思えないかもしれませんが、図書館で起きていることに対する彼らの見方が劇的に変わる可能性があります。また、図書館へのより大きな資金提供につながる可能性もあり、結果的に、学びのコミュニティ

（４）日本ではオフィシャルなものは難しいかもしれませんが、個人でＳＮＳにコミュニティーをつくっている例があります。「学校図書館の友」で検索してみてください。

PTAはいつも、教師と生徒が学校で行っていることについて話せる話し手を探しているものだ。また、学校関係者との会議は、貸出統計を共有する絶好の機会となる。生徒に、最近のプログラムや学びでのコラボレーションの効果について話してもらおう。このような組織が、学校図書館で起きていることを知る方法を劇的に変える可能性を高める。

ーにおける生徒にとっては大きな違いを生むことになるはずです。

ステップ3　地域、州、国の会議でプレゼンする

私たちが学校図書館での出来事を話さなければ、いったい誰が話をするのでしょうか？　学校図書館員は、とくに管理職が参加する会議には参加すべきです。自分の経験と生徒の成功事例を学校図書館のレンズを通して紹介し、ほかの学校の関係者にも図書館の価値を伝えてください。

このようなイベントで話すとき、私たちは教育委員会の大使としての役割を果たしていると言えます。また、最善の実践例を共有すること、生徒のさまざまな声を紹介すること、そして自分の学びを成長させるためにほかの教育者とつながることもイベントでの成果なのです。

ステップ4　モノの貸出図書館をつくる

学校図書館に対する認識を変える強力な方法の一つは、本を超えて貸出サービスを拡張することです。ノートパソコン、タブレット、バーチャル・リアリティーの装置など、生徒のニーズがありそうなものの貸出を検討してください(5)。

生徒が一晩借りることも許可しましょう。さらに、既存の枠にとらわれずに、ネクタイ、ボウタイ、フライパン、望遠鏡、楽器なども追加しましょう。これらのものはさまざまな場面で役立

つ可能性があります。個人や地元の企業からの寄付を通して入手することができます。

ステップ5　蔵書をジャンルで分ける[6]

学校図書館員自身がマーケティングの達人として考えるようになると、生徒と教師は顧客であると気づくでしょう。もっとも重要な学校図書館員の仕事は、利用者が学校図書館の資料を簡単に探し、利用できるようにすることです。蔵書をジャンル別に分けることによって、生徒は自分の興味がある分野のなかで本やその他の資料を効率的に見つけることができるようになります。また、図書館の価値を高めることにもつながります。

図書館の利用者がもっと簡単に探している資料を見つけることができたら、もっと頻繁に図書館を利用したいと思うことでしょう。図書館内の配置換えをして、話題を提供してください。各本棚や各区画にはっきりしたラベルを付け、生徒がより自立した利用者になれるように「図書館マップ」をつくりましょう。

---

(5)　日本の学校図書館でも文房具、楽器、傘などの貸出などを行っている例があります。それによって、生徒が図書館にやって来るという効果もあります。

(6)　資料を、「ホラー」、「冒険」、「超常現象」、「苦難を乗り越える」など、ジャンル、内容、テーマで分けるやり方のことです。アメリカの書店ではポピュラーな方法となっています。

最初は、フィクションを分けることからはじめてみましょう。生徒が学校図書館でよく探すカテゴリーを七つか八つ選択します。生徒のためのプロジェクトなので、カテゴリーの名前を生徒に付けてもらうというのもいいでしょう。生徒の声を聞くことで、またしても図書館の価値を高めることになります[7]。

手助けしてくれる生徒を募りましょう。そして、ジャンル毎のシンボルや色の工夫について考えてもらうのです。本に貼るラベルを選択してつくったり、棚に掲示するサインをつくってもらいましょう。本を実際に分けたり、移動させたりする段階で、生徒は進んで手伝ってくれるようになります。

プロジェクトが完了したら、学校中に、またSNS上でもこの変更について宣伝してください。そのあと、貸出統計が上昇していく様子が見られるはずです。この変化を、図書館の関係者に伝えることを

語りかけてくるようなディスプレイは、図書館プログラムを主張する力強い方法

忘れないでください。

課題を乗り越える

メディア報道のなかで図書館員は、「若くないちょっと変わった人」という偏見に満ちたイメージで描かれることが多いです。そして、おそらく教師と保護者のほとんどが、学校図書館のことを自分たちのニーズと関係のない／歓迎されない場所として記憶しています。このようなイメージこそ、私たちが協力して変えなくてはいけないことです。

図書館と図書館員の役割について、否定的なコメントを耳にするかもしれません。人々の図書館に対する見方を変えることに挑戦するとき、潜在的な反発に備えておく必要があります。挫けないでください。以下に紹介するコメントは、固定観念を覆し、学校図書館員の仕事に対する見方を変えるチャンスとなります。

(7)　たとえば、「部活で青春」、「アイドル・芸人の本」、「アニメ大好き」、「音楽が聴こえる」、「めっちゃ泣ける」、「めっちゃ怖い」、「恋愛が出てこない本」、「プロフェッショナル系」などが考えられます。

課題1　「生徒は、必要な情報にはすべてオンラインでアクセスできるよ」

教師や生徒が利用するための情報やリソースがオンライン上にたくさんあることは事実です。問題なのは、増加するウェブサイトを評価する経験が生徒にはほとんど、あるいはまったくないということです。教師の多くもまた、ウェブサイトや情報評価のプロセスを生徒に示すだけの専門知識を欠いています。

学校図書館員には、これらのサービスを同僚に提供する機会もあり、信頼できる情報源を教えたり、フェイクニュースや関連ウェブサイトの評価方法を教えるといった支援が可能です。これらは、生涯にわたってすべての学習者が学校で計画的に積み重ねて身につけていくべきスキルなのです。

学校図書館員は、こうした教育の可能性を同僚にアピールする機会をつくらなくてはなりません。誰もがその提案に賛同してくれるわけではないでしょうが、賛同した人は重要なリサーチスキルを学ぶ生徒の手助けをするはずです。

課題2　「本は消えつつあるメディアだよ」

何年にもわたってこの言葉が言われています。しかし、本はまだ消えていません。印刷メディアは、いまだに情報を共有するための、もっとも安くて効果的な方法の一つなのです。

図書館でよく話す生徒のほとんどは、電子書籍よりも印刷書籍を好みます。そして大学は、学生が論文を書いたり研究を行ったりするとき、電子資料だけでなく印刷資料から引用する方法を知っていることを期待しています。ゆえに生徒は、建物としての図書館施設を訪れているのか、遠くからオンラインカタログを検索しているのかどうかにかかわらず、印刷された情報を見つける方法を知っておかなければなりません。また同時に、電子書籍を探しだして使いこなす方法も知っておくべきです。となると、学校図書館員は、多様なメディアのなかから情報を見つける必要があるときに生徒が頼る、一つの解決策となります。

課題３　「図書館員って、本を片づけているだけじゃないの？」

多くの教師や保護者は、本の貸出をして、それらを棚に戻すことだけが学校図書館の仕事だと今でも信じています。しかし、学校図書館員はそれをはるかに超える存在なのです。学校のテクノロジー先導者の一人であり、コラボレーションの名手であり、成長する個人的な学びのネットワークをもっている教育者なのです。

定期的にＳＮＳや地元のニュースメディアに情報提供をしている学校図書館員であれば、固定観念を変えることができるでしょう。このような発言をする教師やそのほかの人を学校図書館に招いて、図書館がいかにエキサイティングな、学びの中心となっている場所なのか見せましょう。

ハックが実際に行われている事例

ケネットクォット教育委員会の話

二〇一一年からケネットクォット教育委員会（ニューヨーク州）の学校図書館メディアスペシャリストとＰＴＡは、「図書館祭」[8]を開催してきました。これは、約一五〇〇人の生徒とその家族を対象とした教育委員会全体の無料イベントで、学校図書館プログラムを紹介しつつ、地域を一つにまとめる素晴らしいイベントとなっています。

「予算削減のために解任される学校図書館メディアスペシャリストが増えていますし、小学校の学校図書館員については州の決まりがありません。だから、積極的に活動することを決めました」と話すのは、元教育委員会の指導者であるデビー・ガランテです[9]。

「学校図書館員の主な仕事は本を貸し出すことだ、という考え方を葬り去る必要がありました」デビーは、教育委員会の八人の学校図書館員とともに、学校図書館や学校図書館員がいかに影響力をもつかについて、学校の管理職や同僚だけでなく地域社会にも訴える必要があると考えたのです。

毎年の恒例行事となっている図書館祭は、読むことに基づく活動に地域を巻き込みつつ、小学校や中学校の生徒の実践にスポットライトを当てています。高校や中学校の生徒ボランティアはこの経験を楽しみ、お手伝いをするために毎年やって来ています。

家族は、図書館カードを申し込み、ケネットクォット公共図書館でプログラミングについて学ぶこともできます。地元の作家やイラストレーターによるプレゼン、ストーリーテリング、来場者参加型の活動、ブックマークのデザイン、詩の書き方、折り紙ワークショップ、操り人形の作成、ゲームなどの活動を長年にわたってやって来ました。二〇一八年には、地元の作家三人が登場してくれました。

スーの物語

「あなたの話を語ってください。でないと、ほかの誰かがあなたの代わりに語ってしまいます」と、パイングローブ中学校の学校図書館員であり、〈ライブラリー・ジャーナル誌〉が選定する

(8)　(the Library Literacy Celebration) この祭りのチラシは、http://www.ccsdli.org/NewsAssets/80303/Library_Literacy_Celebration_20191.pdf を参照してください。

(9)　ニューヨーク州では、資格のある学校図書館員（メディアスペシャリスト）は中学校と高校（七年生から一二年生）のみに置かれています。法的には、小学校には資格のある図書館員を置く必要がないことになっています。

二〇一六年の「ムーバー&シェーカー賞」(10)に選ばれたスー・コワルスキーは言います。

「学校図書館や学校図書館員が生徒やコミュニティーにどのような影響を与えているかについて世界に知らしめるためには、私たちが出来事を語らなければなりません」

私たちは仕事に忙殺されていますが、私たちの周りの人たちも同じであることにスーは気づいています。主張することはアート（技）です。ですから、「学校図書館員は、戦略的に言葉を広めることについて模範となるべきであり、私たちが行うＰＲ活動の方法を多様なものにして、影響を与えなければならないのです」とも言っています。

ＰＲ活動を行うためにスーは、常に自分が行っていること、行ったこと、予定していることの計画リストをつくっています。また、自分の行動計画の一部にＰＲ活動を取り入れる努力を意識的に行っています。そして、適切なメディアを通じて、情報の量、形式、タイミング、意図する影響を念頭に置いて、自らのニュースを紹介しています。

スーは、これを「自分流のＰＲ活動」と呼んでいます。さまざまなウェブ上のツール(11)や、ツイッター、フェイスブック、インスタグラム、メール、グーグルクラスルーム、グーグルドライブなどのディジタル情報、スタッフのメールボックスや図書館そのものといったアナログ情報を通じて、スーは常に学校関係者（とくにスタッフ）の気づきを高め、支援を求め、成功事例を紹介し、感謝を表すために情報を発信しています。

学校図書館プログラムの推進を主張するときは、思い込みを捨てましょう。スーは、「彼らは何も知らない」という前提で、どんな情報でも発信しておいたほうがよいと考えています。ですから、ディジタルリソース、本、コンテスト、イベント、プログラム、アイディア、そして専門的なリーダーシップなどについてさまざまな情報を流しています。

「一貫性をもちましょう。前向きになりましょう。役立ちましょう。そして、楽しみましょう！」とスーは言っています。「ＰＲ活動が停滞していたら、人々の興奮をかき立てられるはずもないじゃないですか。ちょっとした直観、競争心、元気を結集して、ワクワク感をつくりだしましょう！」

スーは、学校図書館プログラムを実行するのと同じくらい多くのエネルギーを、プログラムを売り込むことに注いでいます。彼女は、学校図書館員が成長するためにはあらゆるレベルでの賛同が必要なことを理解していますので、生徒、保護者、教職員、ＰＴＡ、管理職、教育委員会、そして図書館の仲間すべてをＰＲ活動の対象にしています。彼女は次のように提案しています。

---

(10)　(Mover & Shaker) この賞は、新進気鋭の革新的で創造的な図書館員、あるいは図書館関係者から選定し、毎年五〇名以上に与えられています。

(11)　原書には、オンラインデザインツールのCanva、ニュースレター作成ツールのSmore、Googleの製品などが紹介されています。

「次に、誰かに『何か新しいこと』について聞かれたら、『別にありません』とは言わずに、なにがしかを紹介し、自慢し、招待し、教育し、鼓舞するための準備をしましょう。そして、素晴らしいプログラムと、それを実現するための学校図書館員の役割について、あなた自身の物語を語ってください！ ニューヨークの仲間たちが言っているように、いつでも『#LeadOutLoud』[(12)]のときなのです！」

最近、多くの学校図書館が予算と人員の削減に苦しんでいます。関係者の図書館に対する見方を変え、予算の配分を増やすために、私たちは図書館の活動を共有する必要があります。そのために使える無料の方法が、ＳＮＳやブログ、メール、イベント、そしてプレゼンなどです。共有することで初めて、学校の指導者と保護者が図書館で何が起こっているかを知ることができます。価値のある出来事を宣伝することによって、変化と支援をもたらすことになります。

---

(12) ニューヨークの司書たちが自分たちことを主張するとき（イベントのお知らせなども）に使っているハシュタグです。「lead out（前に出る、引きだす）」と「read out loud（読みあげる）」をかけているようです。

グローバルなつながりをつくる

図書館の周りにある壁をぶち壊そう

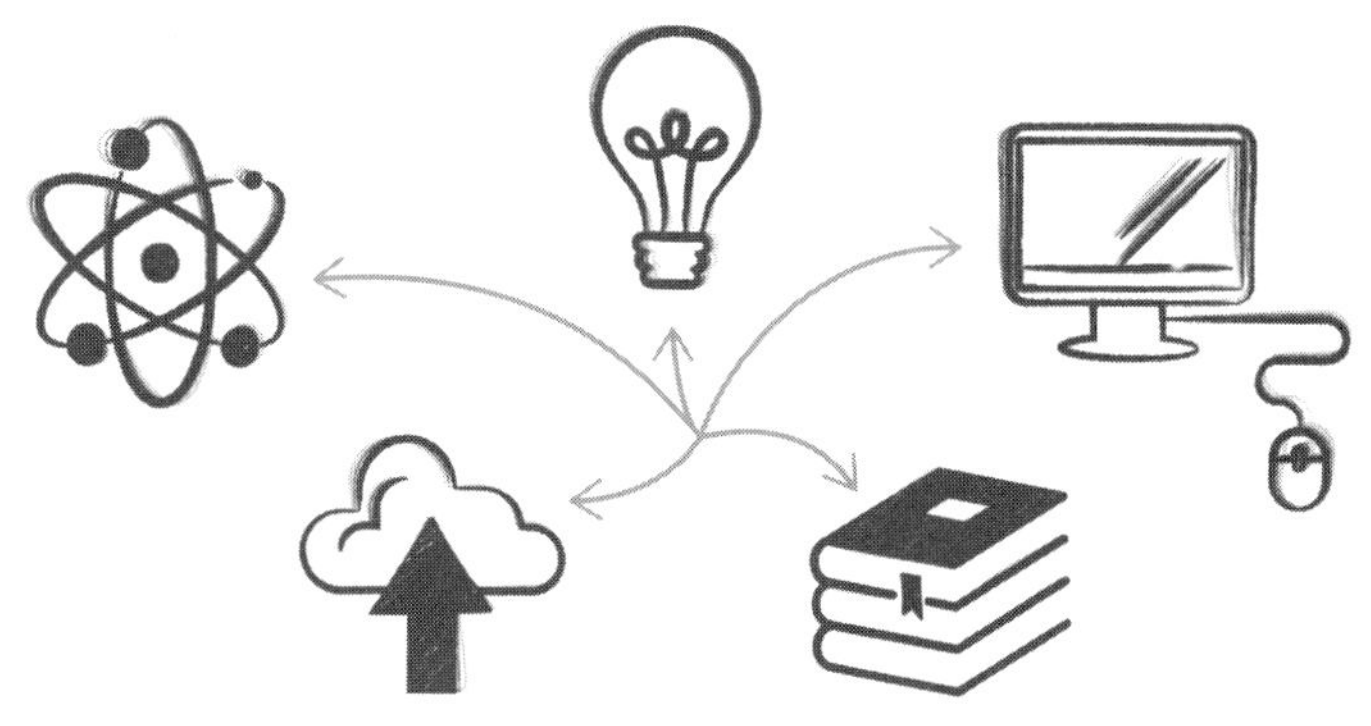

コミュニケーション、
つまり人と人とのつながりは、
個人とキャリアの成功のための鍵である。
（ポール・J・マイヤー）*

（*）（Paul J Meyer, 1928〜2009）アメリカのビジネスマン、自己啓発作家、教育家です。保険のセールスマンとして大きな成功を収めました。

問題点——教師は、教室を超えた場で生徒が誰かとつながることを快く思っていない

教師の多くは、スカイプ、グーグル・ハングアウトのような、つながるためのテクノロジーに詳しくありません。もし知っていたとしても、教室でのソフトやハードの設定に慣れていないかもしれません。教室から遠く離れているところと生徒がつながること、何が起こるか分からないこと、また生徒がどのように振る舞うか予測できないことを恐れている教師もいます。さらに、国内外の教育者との個人的な学びのネットワーク（PLN）[1]が欠けていることも多いようです。

一般的に学校図書館は、標準的な教室よりもはるかに広いスペースがあります。複数のクラスに対応した十分な座席数もありますし、生徒を分散させるための十分なスペースもあります。また、ほとんどの図書館には、プロジェクター、スクリーン、コンピューター、音響機器などが備えられており、学びのコミュニティーで利用されるのを待っています。さらには、学校外とつながる可能性も無限大にあります。

地理の教師が図書館にやって来て、「ミステリー・スカイプ」や「ミステリー・ハングアウト」のようなウェブカメラを使って、まるでゲームのように、約一三〇〇キロ以上離れた学校と自分の地理のクラスが接続することを想像してみてください。この活動で生徒は、チームで活動する

訳者コラム

「ミステリー・スカイプ」と「ミステリー・ハングアウト」

　マイクロソフトは2015年４月、日本に「ミステリー・スカイプ」の活用支援プログラムを公開しました。滋賀県米原市の県立米原高校では部活（ESS 部）や英語の授業で活用しています（中日新聞2018年５月27日付朝刊）。また、2019年７月には、大阪府富田林市立寺池台小学校の3年生が、１組は「スペイン」、２組は「ザンビア」、３組は「インド」と交流したことが報告されています。さらに、2020年１月には、茨城県つくば市立吾妻小の外国語活動でミステリー・スカイプが行われたことが紹介されています。ただし、これらの事例において学校図書館がかかわったかどうかは不明です。

　一方「ミステリー・ハングアウト」とは、グーグル・ハングアウトを活用してチームで問題を出しあい、接続した学校の場所を当てるなど、ゲーム感覚で多様に学べる教育プログラムです。

こと、質問を繰り返して相手の学校の所在地を当てることが求められます。また、バーチャルツアーをする、ゲストスピーカーや著者の話を聞くなどといったさまざまな体験機会もたくさんあります。

　学校図書館員がこうした接続の機会を提供すれば、学校全体がその噂でもちきりになるでしょう[2]。この種の活動をはじめると、図書

（1）（personal learning network）この章における重要な視点です。教師が誰かとつながりながら自分の資質・能力を高めていくことが、生徒にも質の高い学びを提供できる、と考えています。

（2）ウェヴカメラが搭載されたパソコンを個人で持つことが多くなりました。しかし、図書館が最新テクノロジーをもち、学校図書館員がそれらを使った最適なプログラムを提供すれば、個人で学ぶこと以上の教育効果が生まれます。

館プログラムに変革が起きるだけなく、外部との接続活動を実施する方法が分からない教師にも、また学びのコミュニティー全体にも変革が起こりはじめます。

ハック――グローバルなつながりをつくる

学校図書館員には、グローバルなつながりをつくろうとするときに起こるさまざまな課題を解決できる人として活躍する大きなチャンスがあります。一般の教師は、毎時間のチャイムにあわせて働いており、ＳＮＳやウェブカメラの接続を試すような時間があまりありません。彼らは生徒のために素晴らしい何かをすることを望んでいるわけですが、あまり時間をかけずにできることを求めています。

教師が学校の周りを取り巻く壁を壊し、世界中の教室とつながる活動をサポートするために、学校図書館員が場所と専門知識を提供するというのは簡単なことです。

「ミステリー・スカイプ」と「ミステリー・ハングアウト」の目的は、生徒がその場所がどこかを知らされずに、ほかの学校や個人とつながることにある。生徒は、相手のいる場所について「はい」か「いいえ」で答えられる質問をして、明らかにすることに挑戦していく。

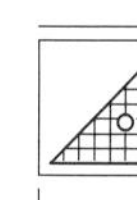

あなたが明日にでもできること

「国際『てん』の日」や「世界読み聞かせの日」など、オンライン上にあるグローバルな活動に参加する——スカイプやグーグル・ハングアウトを使って、生徒が教室の外とつながれる楽しい活動を見つけましょう。たとえば、「国際『てん』の日」や「世界読み聞かせの日」[3]の活動があります。「国際『てん』の日」は、ウェブカメラで新しい友だちとつながることができます。一方、「世界読み聞かせの日」は、声を出して読むことによってリテラシーの素晴らしさを称える行事です。読み聞かせ活動のときであれば、スカイプで学校図書館に本の著者を招待するというアイディアも考えられます。

（３）（International Dot Day）ピーター・レイノルズによる絵本『てん』（谷川俊太郎訳、あすなろ書房、二〇〇四年）を教室で紹介したある教師によって二〇〇九年にはじめられ、国際的な広がりを見せたイベントです。九月一五日前後に「自分の印」を残す作品を共有しあいます。
（World Read Aloud Day）リテラシーに関する非営利団体「LitWorld」が主催し、スカラスティック社がスポンサーとなり、声を出して物語を共有することの重要性を示して、世界中の人々を結びつけることを目的としたイベントです。

英語（日本では国語）の教師には、図書館のウェブカメラを通して低学年の生徒に読み聞かせができそうな生徒がいるかどうか尋ねてみてください。もし、あなたが活動をはじめたばかりなら、読み聞かせをさせてもらえそうな生徒たちがいるかどうかについて、低学年に精通している教育委員会内の指導主事に尋ねてください。

まずは、同じ教育委員会の学校とつながることからはじめればいいのです。それからさらに接続の幅を広げて、国内や世界中とつながる選択肢を教師に紹介していきましょう。

「ミステリー・スカイプ」や「ミステリー・ハングアウト」のゲーム計画を立てる——世界とつながる学習活動は、教室や学校図書館においてチームとして活動する地理の授業には最適です。その目的は、生徒が相手の場所を知らされずに、ほかの学校や個人とつながることにあります。この魅力的で、グローバルな推理ゲームを使って遠く離れた学校とつながりたいなら、「スカイプ・イン・ザ・クラスルーム」(4)をチェックしてください。

生徒は、このようなイベントのために図書館に来るのが大好きです。一度実施すれば、「次はいつやるのか？」と生徒は知りたがるようになるはずです。

低学年の生徒には、「ミステリー・ナンバー」や「ミステリー・アニマル」(5)などのゲームを使ってみるといいでしょう。生徒が自宅に帰って、「図書館で、ウェブカメラを使って国内や世界中の誰かとつながるという活動をしているよ」と話したら、両親がどのように感じるか想像してみてください。

授業内でバーチャルな社会見学やゲストスピーカーの講演を行う計画を立てる——美術館や国立公園の多くは、ウェブカメラを通じてバーチャルな社会見学や講演の提供をしていますし、大抵の場合、学校は無料の対象となっています。(6) 興味がある機関のウェブサイトをチェックしてください。また、ウェブカメラで生徒を新しい場所に連れていくやり方については、「スカイプ・イン・ザ・クラスルーム」のウェブサイトを確認してください。

（4）マイクロソフトが提供するスカイプを使って、教師がつながり、学習体験を共有したりするためのコミュニティーです。生徒が専門家とライブでやり取りしたり、バーチャルな場所に仮想的に訪れたりするといった学習活動など、世界を教室にもってくる五つの方法があります。https://docs.microsoft.com/ja-jp/microsoft-365/education/deploy/run-skype-in-the-classroom

（5）いくつかの質問をして、推測しながら数字や動物を当てるというゲームです。本書にも登場する資料として以下のものがあります。https://www.lauracandler.com/product/mystery-number-math-game/

（6）富士山のバーチャルツアー（https://www.google.com/maps/about/behind-the-scenes/streetview/treks/mount-fuji/）や、国立科学博物館の「かはくＶＲ」（https://www.kahaku.go.jp/VR/）などが日本では提供されています。

ツイッターやフェイスブックのグループ機能は、接続活動の可能性を発見できる優れたツールです。教室でウェブカメラを使うことに消極的な教師に紹介するのにはうってつけと言えます。

学校図書館は安全に接続活動ができる場所ですし、学校図書館員のスケジュールは一般の教師よりも柔軟性があります。その強みをいかして、学校中で人と人をつなぐコネクターになりましょう。

教師はこのサービスに感謝し、管理職はあなたと図書館プログラムの新しい価値を見いだすことでしょう。その可能性を探りはじめるのに最適な日は、「明日」です。まずは、あなたとチームを組んで交流することに興味がありそうな教師に情報を提供しましょう。

科学者とのスカイプセッションの様子

教師とつながる。彼らの人間関係づくりをサポートするために――テクノロジーを使って接続活動をする際、何か問題が起きたときに備えて教師は、誰かが側にいて、協力してくれることを求めています。このようなサポートを教師に申し出ることは、学校図書館員にとっては新しい関係をつくる絶好の機会となります。

ウェブカメラでの活動をするために、学校図書館まで教師に来てもらってください。もし、教師が教室での活動を望んでいる場合は、接続をサポートするために教室まで行く、と言いましょう。勇気を後押ししてもらうために誰かが手を差し伸べてくれることを待っている教師が意外に多いのです。

教師と協働したあとは、必ずＳＮＳで紹介してください（ただし、教師が承認した場合）。必要に応じて写真を共有し、学校の管理職がこの取り組みについて知ることができるようにしてください。このような広報活動をすれば、学校内におけるあなたの活動にもっと興味をもってくれるようになるでしょう。

「明日」、教師と校内でウェブカメラを使ってつながってみましょう。自分の教室でこれを試してもかまわないと思っている教師は、おそらく学校の外と接続する準備ができているはずです。それが、あなたにとっての最初のコラボレーションになるかもしれません！

完全実施に向けての青写真

ステップ1　ＳＮＳを活用して、あなたの個人的な学びのネットワーク（ＰＬＮ）を広げる

学校図書館員自身のＰＬＮは、学校全体における学びのコミュニティーにとっても大変貴重な情報源となりえます。ツイッターやフェイスブックでつながって連絡をとりあっている人たちを、生徒や教職員がコラボレーションできる可能性のある相手として捉えることも可能です。

ツイッターで、教育関連のチャットに参加する機会を見つけてください。そこでは、何千人もの熱心な教育者とつながることができます[7]。ツイッターで興味のあるハッシュタグを見つけたら、ミーティングの時間を確認しましょう。チャットの仕組みを確認して、時間になったらハッシュタグをモニターしましょう。

また、フェイスブックのグループ[8]では、優れた学校図書館員にたくさん出会うことができます。グループに入る許可をもらって、会話を読むことからはじめましょう。交流し、ＰＬＮを確立するにつれて、自分のコミュニティーができはじめます。

直接会わない人であっても、あなたの教育実践の向上を助けてくれます。学校図書館員として、あらゆるタイプの教育者とつながるようにしましょう。私たちの役割はすべての生徒と教師にサービスを提供することなので、あらゆる分野で役立つネットワークの構築に努めるべきです。

ステップ2　ほかの州や国のクラスとのプロジェクトで協働するときに教師をサポートする

ＰＬＮでのつながりは、コラボレーション授業のさまざまな可能性をもたらしてくれます。たとえば、スカイプやグーグル・ハングアウトを使った八年生の英語（国語）の授業では、ほかの学校で禁止された本を読むこともあります。他州にいる低学年の生徒と「ミステリー・スカイプ」をする際には、社会科や地理のクラスを学校図書館に招いてヒントを出してもらいましょう。また、メイカースペースのツールに詳しい生徒には、ウェブカメラを通して、相手の生徒と教師にツールの説明をしてほしいと頼んでみましょう。

新しいコラボレーションをしてみたいと思っている教師は、必ず学校のなかにいます。彼らが教室の決まり事の枠を超えてチャレンジするときには、ぜひ励ましてサポートをしてください。教師に対して提案することをためらわないでください。それがどのように発展するか分からないからです。プログラムが成功した暁には、その勇敢な教師をＳＮＳ上で祝福しましょう。

（7）本書では、「Twitter Education Chat Schedule」と検索してチャットを見つけるよう書かれています。

（8）本書では「Future Ready Librarians」と「School Librarian's Workshop」が紹介されています。日本では「学校図書館の友」があります。

ステップ3　生徒主導の、ウェブカメラを使ったプレゼンを後押しする

生徒がウェブカメラを通してあらゆること（ロボット工学から絵本の読み聞かせに至るまで）[9]を共有する機会を積極的に探しましょう。生徒はこれらのテクノロジーを使ってつながることが大好きですし、あなたには、ほぼすべてのコンテンツへの接続環境がつくりだせるはずです。

はじめたばかりなら、試しに同じ地域にあるほかの学校と接続してみてください。また、生徒主導のウェブカメラ接続プログラムに校内の教師を招待してください。コラボレーションにつながる可能性があるからです。もしも教育委員会が許すのであれば、これらの活動を記録した動画をSNS上に流しましょう。

ステップ4　つながる活動を見てもらうために管理職や関係者を招待する

遠く離れた学校や個人とつながるときは、学校の管理者を招きましょう。[10]校長や教育委員の多くは、学校図書館に対して時代遅れの見方をしている可能性があります。しかし、ウェブカメラを使った「ミステリー・スカイプ」や「バーチャルツアー」のような魅力的な活動を図書館で見れば、図書館のことを、価値があってイノベーティブな空間として見直すでしょう。また、図書館プログラムへのさらなる支援がもたらされる可能性もあります。

最初は、ウェブカメラの活動に学校教育のリーダーたちを招くことについて怖いと思うかもし

れません。完全にコントロールすることが難しい活動なので、それは当然です。生徒が思いもよらないことをしたり、機械が突然止まったりするかもしれません。イベントの前に生徒と徹底的に準備し、機械をテストするなど、できるかぎりのことをしてください。学校教育のリーダーたちは、あなたがぬるま湯から外に出て、成長しようとするマインドセットをもち、学びのコミュニティーのリーダーとして地位を確立しようとしている、と認めることでしょう。

ステップ５　グローバルな教育者と専門的な関係をもち続ける

ＳＮＳ上で情熱的な教育者を見つけて、関係を築き、コミュニケーションをとり続けましょう。ＰＬＮは、国内か国外かを問わず、遠く離れたところと協働するための力強いツールです。ツイッターやフェイスブックなどのツールを利用して、毎月、学校図書館員の中心的なグループとコンタクトをとり続けることができます。

こうした教育者たちは、新しいテクノロジー、役立つ専門書などいろいろと教えてくれます。また、学びのコミュニティーをつなぐ貴重なチームともなるはずです。

---

(９)　日本では、オンラインでの絵本の読み聞かせをする場合、著作権法を確認する必要があります。

(10)　地域の学校教育のリーダーたちを指します。日本では、管理職、教育長、教育委員、教育委員会の幹部や指導主事などと考えられます。

課題を乗り越える

「つながる教育者」[11]は、個人にも学びのコミュニティー全体にも素晴らしい結果をもたらします。しかし、つながる活動を実践している教育者はまだ少数派です。これには多くの原因がありますし、一歩踏みだして他者とつながることに反発する教師の言い訳もよく聞きます。新しいことをやろうとしない人はひとまず横に置いて、成長したいと思っている教師に焦点を当てましょう。以下は、よくある否定的な反応に対する答えです。

『課題1』 「テクノロジーの使い方なんて分からないよ」

これは、学校図書館員にとっては教師をサポートするチャンスと受け取めて、教師に使い方を教えましょう。時間をとって教師にウェブカメラ接続の方法を教え、社会見学のようなバーチャルな取り組みを見てもらいましょう。

授業では、何か問題が起こったときに備えて、教師の側にいるようにしてください。また、教師があなたにリードしてもらいたいような素振りを見せても驚かないようにしましょう。教師とクラスの生徒に素晴らしい体験を提供することができれば、必ずもっとやってみたくなります。

さらに、学校内でさまざまな人にこの経験を伝えてくれるでしょう。そうなれば、学校図書館においで接続する機会が増えること「間違いなし」です。

『課題２』「こんなことをするためのテクノロジーも、協力してくれるつながりももってないよ」

多くの教師が、「自分には、学校の壁を越えて他者と協働するテクノロジーや協力してくれるつながりがない」と言っています。学校図書館には、ウェブカメラ付きのパソコンがどれほどありますか。それらは、広い視野を与えて、生徒を刺激することを待っているのです。

教師がそのテクノロジーをもっていないならば、図書館が提供すればいいのです。教師がつながりをもたないのであれば、あなたのネットワークを提供すればいいのです。そして、教師が自分のＰＬＮづくりがはじめられるように、ネットワークを成長させるモデルを示しましょう。

『課題３』「生徒は取り組み方を知らないんだ。だから、ウェブカメラを導入するつもりはないよ」

教師がこのように言ったときは、チームを組んで、ウェブカメラのエチケットと生徒への指導

(11)『教育のプロがすすめるイノベーション』（前掲、新評論）の二八〇ページでは、この「つながる教師」の姿が図で紹介されています。

を提供するよい機会となります。明確な目標を示せば、生徒がウェブカメラを接続するときに誤った行動をすることはありません。ウェブカメラを使うときの行動基準について、生徒に説明する時間を十分にとりましょう。

望ましい振る舞い方とは、何かについてのモデルを示して、ゆっくりと、はっきりと話す練習をしてもらうことです。実際のところ、生徒は教師よりもこの活動を進んでやるはずです。カメラの前でうまくやれる機会を与えさえすればよいのです。一度経験したあとは、つながる機会をもっと求めるようになるでしょう。

ハックが実際に行われている事例

ストーニーの場合

スペイン、バレンシアの英語教師であるアンヘル・ソリアーノ・サンチェスとは、二〇一五年から二〇一六年にかけて、ツイッターで頻繁にやり取りをしていました。スカイプのことを話したり、「スカイプ・トランスレーター」[12]について教えてもらったりしました。

二〇一六年夏のある日、私たちは初めてスカイプをつないでみました。私のスペイン語はすっかり錆びついていたので、アンヘルとうまく会話できるように「スカイプ・トタンスレーター」を試してみました。ウェブカメラで海外とつながることを思いついたのには理由があります。どれだけ外国語を学んでいても、生徒は実生活でそのスキルを試す機会がほとんどありません。新しい言語でコミュニケーションスキルを上達させる方法は、実際に使ってみることです。

私は、レイクサイド高校にいるスペイン語の教師三人にこのアイディアを話してみました。そのうちの二人は、一一月の「死者の日」(13)に、アンヘルのクラスとつながるプログラムに興味を示しました。生徒がつくった祭壇を見せあうことができればと考えたのです。

時差が七時間あるため、慎重に計画を進める必要がありました。学校図書館員として、全員が参加可能な接続時間を設定する責任を引き受けました。自分たちがつくった祭壇について、カメラを通してバレンシアの生徒とスペイン語で話すことに、生徒がどれだけ緊張していたかよく覚えています。私たちの学校からはＡＰプログラム(14)のスペイン語コースの生徒がプレゼンを担当し、

(12)（Skype Translator）スカイプの音声・動画チャットでリアルタイムな通訳を実現するサービスです。言語の異なる相手の発言を母国語に翻訳して合成音声で再生したり、画面に字幕を表示したりすることが可能となっています。また、インスタントメッセージの翻訳にも対応しています。

(13)（Day of the Dead）死者がこの世に戻ってくるというラテンアメリカ諸国の祝日です。スペイン語では「ディア・デ・ムエルトス」と言い、その日には「オフレンダ（ofrenda）」という儀式用の祭壇を飾ります。

素晴らしい発表をしました。

スカイプの接続は完璧でした。その口、ウェブカメラの両側にいた生徒と教師が、自分たちがそれまで入っていたぬるま湯から飛びだしたのです。学びのコミュニティーにとって素晴らしい出来事だと思いました。

スペインの生徒は英語、こちらはスペイン語を話す練習のために、再び学校同士をつなぐプログラムを行いました。こちらのＡＰスペイン語教師であるカーメン・クリストナーがアンヘルと協力して計画を立てました。今回、アンヘルは生徒に英語で書いた文章を読ませ、カーメンが生徒に再びスペイン語を話す練習をさせることにしました。どちらの教師も互いの文化の違いに注目し、その点を共有することを重視していました。本番では、両者ともそれぞれの目標を達成しました。

私のお気に入りは、生徒が課外活動について情報交換を行った場面です。全員が自分の好きなスポーツについて話すことができました。クリスマスシーズンがはじまるころだったので、一緒に『クリスマスキャロル』を歌った場面もよかったです。忘れ難い素晴らしい文化交流でした。何よりも重要なことは、生徒がその体験を決して忘れないということです。

振り返ってみて明らかになったことは、教師にはこうしたつながりを探す時間がなかったことが理由で、私がツイッターでつながる国際的なメンバーを彼らに紹介できたことです。また、教師は、スカイプの接続設定に関しては誰かに任せたい、と考えていることも分かりました。教室でやるべきことがたくさんあるため、テクノロジーのことは私に任せて、学校図書館に生徒を連れてくるだけにしたかったのだと思います。

そして、もっとも重要なことは、スカイプでかかわった全員がぬるま湯から抜けだせたことです。機器がうまく機能しなかったり、生徒が発音を間違えたりする可能性が常にありました。しかし、この活動のために全員が集まり、全員が成長できました。それに、生徒が図書館についてどのように感じたかを想像してみてください！　生徒は、図書館を教室の延長であると感じ、学校の外と直接つながれる場所だということを知ったのです。

私は、生徒がこの経験について両親や家族に話すことを期待しています。校内でも肯定的な評判を呼んだプロジェクトだったからです。

シンディーの場合

私の妻であるシンディー・エバンズは、アーカンソー州のホットスプリングスにあるパーク・

⒁　ＡＰは「Advanced Placement」の略で、高校生のうちに大学の勉強を学ぶプログラムのことです。日本の「高大接続プログラム」のようなものです。

マグネット・スクールの学校図書館員です。彼女は、学校の壁を越えてつながる力を知ったあと、教師や生徒がグーグル・ハングアウトを使うチャンスを探しはじめました。彼女は、五年生の英語教師の一人が、ウィスコンシン州のペンフレンドに向けて生徒に手紙を書かせていることを知りました。メールの代わりに、郵便を使って書く練習をしていたのです。

シンディーは、学校図書館で接続して、一緒に活動を行う絶好のチャンスだと考えました。彼女は、グーグル・ハングアウトを使って遠く離れたペンフレンドと顔をあわせるために、生徒たちに図書館に来てもらうというアイディアを教師に売り込みました。教師はその可能性にワクワクして、すぐにその招待を受け入れました。

シンディーの同僚がウィスコンシン州の教師に連絡することで、この活動の手配が進みました。シンディーと教師は、活動の前にウィスコンシン州の学校とつながるテストをしました。グーグル・ハングアウトのテストがうまくいったので、教師たちはカメラを通して、実際のイベントでまた顔をあわせたとき、生徒が何をするかについて話し合いました。

接続の当日、生徒は興奮と緊張の様子で学校図書館にやって来ました。グーグル・ハングアウトがはじまったとき、生徒は順番にカメラに向かって自己紹介をしました。ウィスコンシン州のペンパルが自分の名前を呼ぶのを聞いて、生徒の顔が明るくなりました。その後、双方の生徒が好きな活動について話したほか、歌の才能を披露するといった生徒まで登場しました。

別の地域にいるにもかかわらず、彼らは互いの同じところや違うところを比べることができたので、ともに楽しい時間を過ごしました。終了後、年度末にかけて二回目を行うことを教師が決めました。生徒たちは、五年生で学んだことをお互いに比べることができるのです。二回目の接続は予定どおりに行われ、大成功を収めました。

シンディーは、二回目の接続のときに校長を招待しました。すると校長が、「自分もウィスコンシン州の生徒と話したい」と言いだしたのです。これは、学校図書館員が教師のニーズを把握して、それをうまく満たした例と言えます。また、テクノロジーを使ってその活動をどのように後押しできるかの例ともなりました。

キンバリーの場合

「グローバルなつながりをつくるために、私が選択したツールは『バンシー[15]』です。生徒にとって使いやすいからです。バンシーには素晴らしいグラフィックがあり、楽しみながらプレゼンをつくることができるツールもあります」と、キンバリー・ミシェル・ハウウェルが言いました。

接続の当日、生徒は興奮と緊張の様子で学校図書館にやって来た。グーグル・ハングアウトがはじまったとき、生徒は順番にカメラに向かって自己紹介をした。ウィスコンシン州のペンパルが自分の名前を呼ぶのを聞いて、生徒の顔は明るくなった。

彼女は、フロリダ州デイトナビーチにある、パームテラス小学校のメディアスペシャリストです。バンシーのウェブ上のツールは、学校図書館員、とくに小学校と中学校の学校図書館員のお気に入りとなっています。生徒の学びを共有する複数の方法があり、バンシーを使っていない教室においてコミュニケーションをとることも簡単なのです。

「最初『バンシー・バティズ』[16]に登録したとき、バンシーを使った教室間でのちょっとしたプロジェクトを考えていました。でも、もっと大きなものに変貌したんです！」と、キンバリーは言います。

タンパベイでのエドキャンプのセッションに参加してフラン・チェスカと出会ったあと、彼女は「バンシー・バディズ」をやってくれる仲間を見つけたいという思いに駆られました。ツイートして、インスタグラムに投稿してからフェイスブックにも投稿しました。そこが世界中の教室とパートナーになるリクエストであふれかえっていることに、キンバリーは気づきました。

それから彼女は、フェイスブックのグローバル教育グループで、「国際学校賞（ISA）[17]」のプロジェクトにかかわるようになりました。また彼女は、「プロジェクト・エデュケーション」[18]のディプロマとしてSDGsについて生徒に教えており、世界の若者が差し迫ったさまざまな課題に関する解決策を探究するための支援を行っています。

生徒とともにグローバルなつながりを築くことは重要だ、とキンバリーは考えています。なぜなら、彼らはこの世界に生きて、成長を続けているからです。グローバルなつながりを築くことで、他者や異文化を理解することになり、垣根なく世界とコミュニケーションしたり、協働したりすることができます。

キンバリーの生徒は、彼女が初めて世界とつながったときのようにワクワクドキドキしています。トルコの生徒とスカイプするときなどは、学校がはじまる時間よりも早く登校してきたほどです。パキスタンの教室と文化交流を行ったり、ネパールの学校と一緒に民族舞踊を踊ったりすることで生徒は地球市民になろうとしています。さらに、ほかの国のクラスとのプロジェクトも

---

(15)（Buncee）何かを創造したり、コミュニケーションをしたりするディジタルツールです。一〇〇〇を超えるテンプレートなどを使うことで、このツールだけでレポートやプレゼン資料などの視覚資料を作成することができます。https://app.edu.buncee.com/

(16)（Buncee Buddies）世界中の生徒と教師を集めたディジタル・ペンパルのプロジェクトの名称です。このプロジェクトの目標は、教室をつないでバンシーでつくった作品を共有し、ほかの文化について学び、その過程で新しい友だちをつくることです。(https://app.edu.buncee.com/buncee-buddies)

(17)（International School Award）ブリティッシュカウンシルが国際的な活動をカリキュラムの一部として取り入れて、それを学校の文化に組み込む学校を表彰するものです。一六か国が参加していますが、日本は不参加です。

(18)（Project Education）ＳＤＧｓ（持続可能な開発のための目標）に取り組みながら、国境を越えた教育の公平や性別を超えた教育の平等を目指した社会的な取り組みのことです。「ディプロマ」と呼ばれる、ＳＤＧｓを学校に促進していく役割の教育者や教育リーダーがいます。http://projecteducation.co/

計画段階にあります。

「できるだけ多くのクラスでこのプロジェクトをやろうと考えています。特定の職業に向けて準備をするためではなく、世界に対する理解を深めることによって異文化の人々と協働できるようにするためにです」と、キンバリーは語っています。

私たち学校図書館員は、グローバルなつながりを通して溝をなくし、橋を架けているのです。

学校の外とつながることで、教師や生徒はもっと広い世界にアクセスすることができます。また、それは、遠く離れた場所や、物理的に訪問できない専門家に対してバーチャルなアクセスを提供することにもなります。学校図書館は、そのようなつながりとコラボレーションを促進するためには理想的な場所なのです。(19)

(19) 翻訳協力者から「ここに出てくるテクノロジーの専門性も、だいぶ価値を失いつつある状況にありますね。となると、やはり最先端を学び続けないといけないということですね。この本で紹介されていないようなことを発見していかないと」というコメントをいただきました。

いつでもどこでも読むことを称える

図書館、学校、地域のなかで読む文化を促進しよう

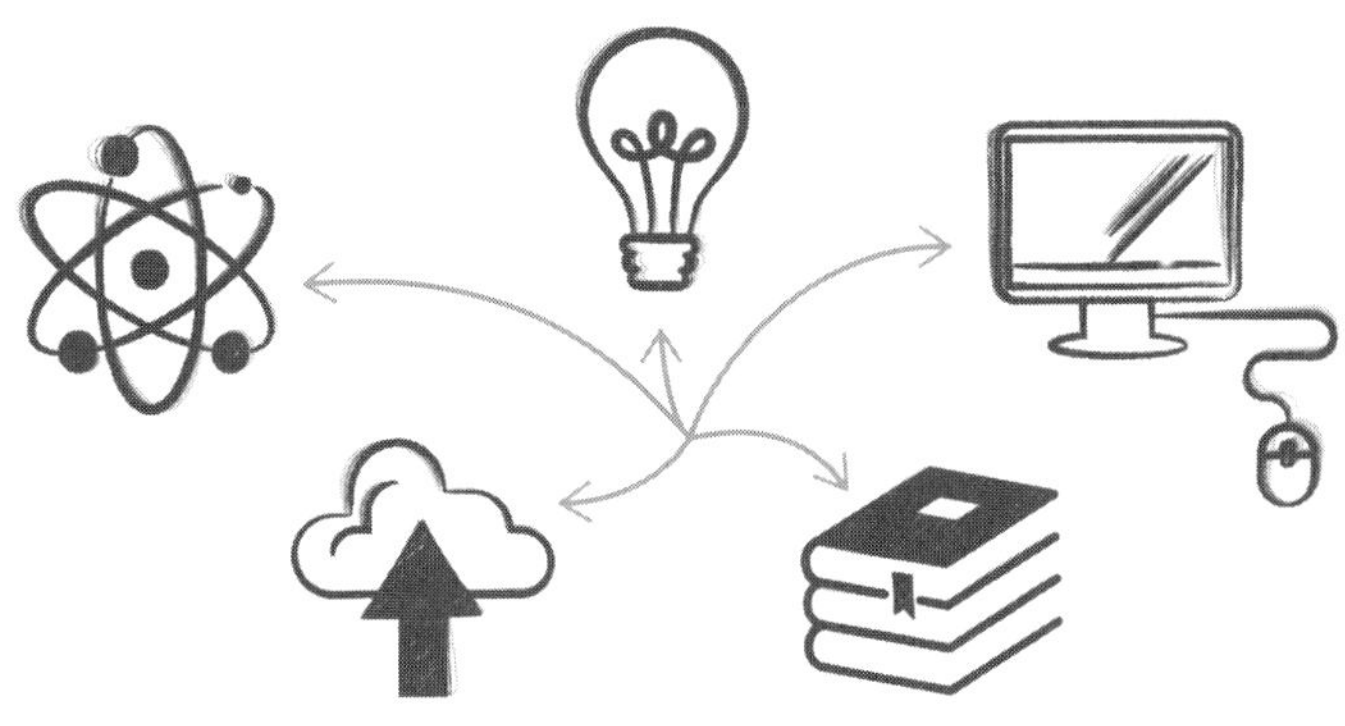

私たちは、自分が一人ぼっちではないことを知るために読む。

（ウィリアム・ニコルソン）*

（＊）（William Nicholson）1948年、イギリス生まれの脚本家、劇作家、小説家、映画監督。引用は、劇「Shadowlands（永遠の愛に生きて）」のなかの台詞です。

問題点——生徒は自分のことを、読む人か読まない人かのどちらかでしか考えない

州刑務所にいる囚人の七五パーセントが識字率の低いグループに分類されていることを知っていますか？(1)

「言葉」は、毎日どこにいても私たちを取り巻いています。その「言葉」を読む能力が欠けているということは、学びのコミュニティーから孤立してしまうことを意味します。読むことは、多くの人が当たり前だと思って軽視してしまいがちなスキルですが、ほかのすべてにおいて学びの基本となるものです。

合格・不合格を決めるようなテストに重きが置かれるようになると、多くの子どもが読むことを楽しくない、面倒なつまらないものとして見るようになります。それは不思議なことではありません。本を手にする年齢になると読書に向かう気持ちが高まるわけですが、本との触れあい方次第でその気持ちが徐々に変化してしまうのです。

恥ずかしがり屋の子どもにとっては、クラスで声を出して読むことはトラウマになりますし、読むことが困難な子どもにとっては教師の期待が恐ろしいものになります。読むことに対する感じ方は大人になるまで続き、将来の学業に影響を与える可能性すらあります。ですから私たちには、本に抵抗がある生徒や本を読むのが苦手な生徒に出会ったら、彼らが読むことに喜びを見つけられるように支援する方法を探す必要が生じてきます。

ハック――いつでもどこでも読むことを称える

本を読まない子どもや読むことが嫌いな子どもが存在するとは思っていません。まだ読むこととつながっていない子どもが存在するだけです。子どもが読むこととつながるのは、本のテーマやレベルとは関係なく、話しかけてくる本に出合ったときです。その出合いは、電子書籍やオーディオブックのような形のものでも、読んだ経験をほかの人と共有することでも起こる可能性があります。読むことが孤独な活動である必要はありません。人と人とを結びつけるイベントでもいいのです。そして、それは、常に楽しいものであるべきです。

そのために学校図書館員は、すべての読み手を受け入れる方法を真剣に探して、その人たちの

(1)　アメリカ法務省がランド研究所に委託して作成した報告書「Evaluating the Effectiveness of Correctional Education（矯正教育の有効性の評価）」によるものです。

読めるレベルに関係なく、読むことが楽しくなる方法を見つけなければなりません。いつも読むことを称え、情報を得るためだけではなく、楽しみのために読むことを生徒にすすめていく必要があるのです。また、多様なディジタル資料や紙資料に生徒がアクセスできるようにする必要もあります。なぜなら、個性の違う生徒に何がヒットするか分からないからです。

さらに、生徒が読みたがるさまざまな本を購入する必要もあります。それが生涯を通じて読み続ける生徒を育てる方法なのです。生徒を導くには、「昔ながらの読書はこうだ」という考え方に縛られることなく、あらゆる形の読む姿を称え、大切にする必要があります。

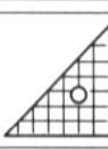

あなたが明日にでもできること

本の貸出をワクワクするものにする――新着本は、すぐに棚に置くのではなく、本棚の上やカウンターにディスプレイしましょう。新しい本のパリっとした感じやピカピカの表紙を見ると、誰だって我慢できないものです。新着本のプレビューをしてもらうために、教職員や生徒を図書館に招いて、最初に読むための抽選会に参加してもらいましょう。

また、似ているタイトル、著者、ジャンルでまとめた「すぐ借りられる本」コーナーをつくって、生徒がいつでも借りられるようにしましょう。吹きだし型の栞（しおり）に「私を選んで」とか「家に連れてって」などのメッセージを書いて本に挟むのもいいですし、茶色いクラフト紙やラッピングペーパーで本を包んで、中に入っている本のヒントを書いて生徒の好奇心を刺激するのもいいですね。

このような形で本に注目を集め、ワクワクさせることで、図書館は自分とは関係ないと考えていた生徒を惹きつけることができます。

読者同士を結びつけよう――「結びつける」ことは、ある意味アート（技）と言えますが、学校図書館員はそれを専門にしています。読書会のグループをつくるために生徒同士を結びつけるときには、貸出の傾向に注意を払いましょう。

「読み友」をつくるために異学年の生徒を組み合わせるといった方法もあります。スカイプやグーグル・ハングアウトを使って、世界中の生徒と「読み友」としてつながることも可能です。「読み友、求む」という掲示板をつくれば、生徒が自分の好きな作家、本、ジャンルを投稿して、同じ興味をもつ、新しい「読み友」を見つけることができます。また、特定の生徒グループを念頭に置いた本を確保しておいて、「あなたたちのために選んだ本」であることを説明するメモを入れておくこともできます。

図書館を学校中に広げる――たくさんの読み手たちに届くように、学校図書館の枠を越えて読むことを広めていきましょう。管理職とＰＴＡに協力を求めて、すべての教室と食堂、進路指導室、保健室、事務室などに図書コーナーを設けましょう。学校全体に広がった「小さな無料図書館」(2)に、読まなくなった本や雑誌を寄付してもらうように依頼します。

月に一回はモバイルの貸出機を手にして、生徒の気を惹くような本をカートに乗せて昼休みに食堂を回ってみましょう。図書館が自分たちのものだと思わなければ、生徒はやって来ません。ということは、こちらから出向いて本を読んでくれる生徒を見つけるしかないのです。

本を共有する――学校図書館に生徒が入ってきたら、本を手にして声をかけましょう。「私が何を読んでいるか聞いて」と書かれた缶バッジやステッカーをつくって、生徒、教職員、管理職、カウンセラーや助手、給食や守衛などのスタッフ全員につけてもらい、会話のきっかけをつくりましょう。また、「私が読んでいる本」(3)のポスターをつくって、ドアや廊下、トイレにも掲示するというアイディアもいいですね。オンラインでも紙ベースでも、毎日のランチメニューに本の紹介を載せたいと頼んでみてください。

学校新聞やオンラインへ投稿するために、好きな本と一緒に自撮りする「ブックスナップ」(4)を生徒にすすめてみましょう。朝の放送で本の紹介をし、それをフェイスブック・ライブやツイッター・ライブで記録して配信するのです。また、学校新聞に「おすすめ本コラム」の掲載を依頼してみましょう。写真を共有して、生徒、保護者、教師がメールやツイッター、フェイスブックなどからアクセスできるようにします。

一方、家庭への通信や保護者会用のブックリストをつくってもいいでしょう。物語とノンフィクションを織り交ぜて、興味のあるテーマごとに分類してみましょう（『ハリー・ポッター』なら、物語だけではなく

（2）（Little Free Libraries）（https://littlefreelibrary.org/）小さな箱に入れた本を街角や庭先に置いたりして、無料で貸し出すＮＰＯ運動です。

（3）WhatimReading.org を参照してください。

（4）自分が紹介したい文章のスナップショットを撮り、それに注釈をつけるというタラ・マーティンさんのアイディアです。注釈には、文章やハイライト、画像も入れることができます。（http://www.tarammartin.com/booksnaps-snapping-for-learning/）。図書館で行っている様子は、https://bluebonnet.roundrockisd.org/2017/11/09/booksnaps-in-the-library/ で紹介されています。また、写真を共有するためには「Padlet」（https://ja.padlet.com/）、アクセスするためには「Remind」（https://www.remind.com/）が原書において紹介されています。

「私が何読んでいるか聞いて」と書かれた缶バッジやステッカーをつくり、生徒、教職員、管理職、カウンセラーや助手、給食や守衛などの学校のスタッフ全員につけてもらって、会話のきっかけをつくろう。

植物学や博物学、料理やお菓子づくりなどの本を一緒に紹介するのです）。また、管理職や教育委員が会議のなかで推薦できる本の情報を、教育委員会のウェブサイトやメールで提供しましょう。本を共有するネットワークが広がれば広がるほど、より多くの生徒に届くようになります！

本の選定に生徒を巻き込む——学校図書館の予算はかぎられていますので、欲しい本がすべて注文できるわけではありません。しかし、予算の一部は生徒のリクエストのためにとっておくべきです。読書相談の場をつくったり、図書選択委員会を組織したり、簡単な図書推薦の用紙を配ったりしてください。そのほか、地元の本屋で生徒が図書館に入れたい本を買う「選書ツアー」をしましょう。一〇冊でも一〇〇冊でも、購入冊数にかかわらず生徒が選んだ本は必ず宣伝するようにしましょう。選んだ生徒のコメントを添えて、本を展示するのです。本人の同意が得られれば、表紙に「この本は〇〇さんのおすすめです」というラベルや写真を貼ります。

生徒は、あなたの意見よりも友だちの意見を尊重する可能性が高いです。生徒が主催するブッククラブで使う本を揃えるために予算をとっておいてください。可能なら、オーディオブックをダウンロードしたり、公共図書館から借りたりしてください。また、生徒が大好きなマンガも購入し、あえてコレクション全体に散りばめて生徒の興味が広がるようにするのです。本の背にカラーラベルを貼っておけば、生徒がマンガを見つけるときの目印になります。

完全実施に向けての青写真

生徒を読むことに夢中にさせたとしても、その勢いをどのように持続させたらいいのでしょうか？　年間を通して、卒業しても生徒が覚えているようなプログラムやイベントを実施し、読む文化を推し進めていきましょう。

ステップ1　読んだことを記録する

アスリートがエクサイズやウエイトリフティング、トレーニングなどを通してスタミナをつけるのと同じように、生徒も読むことへの最終目標や中間目標を立てることができます。読んでいる本についての記録（紙でもデジタルでも）をつけるようにすすめてください。

たくさんの本を読むと、パーティーにＶＩＰ待遇で招待されたり、賞品がもらえたりする「パンチカードプログラム」(5)を考えましょう。生徒が学校外で読んだ本を報告する夏の読書プログラ

---

(5)（a punch-card program）穴を開けたりチェックしたりしながら、指定された課題を行っていくものです。スタンプラリーのようなものを指します。http://unioncountylibraries.org/wp-content/uploads/Summer-Reading-Info-Sheet-2.pdf

ムと同じような趣旨のものです。

また、読んだ本やこれから読みたい本を記録するデータベースをつくれるように、希望する生徒には貸出記録をプリントアウトしてください。読書記録ウェブサイトのアカウントをつくって、「おすすめ本」を紹介するというやり方について生徒に説明しましょう。(6) もし可能であれば、これらのウェブサイトと貸出システムを統合させるようにしましょう。さらに、国語の授業に出向いて、ブログの書き方や本に関するポッドキャストのつくり方を生徒に教えるといったことも考えられます。(7)

ステップ2　「読むこと」にかかわるアート作品にあふれた世界をつくる

誰も使っていない、何も書かれていないキャンバスを校内で探してきて、読むことを宣伝する看板として使いましょう。ロッカーや階段の前面は、本の背表紙にぴったりの長方形をしています。(8) 廊下をさまざまなジャンルごとにノンフィクションやフィクションで飾り、普段は空っぽな廊下空間に命を吹き込むチャンスを生徒に与えるのです。高校生なら、駐輪場が、お気に入りの本のカバーを描くためのキャンバスになります。

雨の日も学校に来るのが楽しくなるといいですよね。ステンシルと防水スプレーを使って、校門近くの歩道に有名な言葉を書いて、それをチョークで覆っておきます。雨が降ってコンクリートを濡らしたとき、その言葉が現れるようにしてみたらどうでしょうか。

ステップ3　動画で宣伝する(9)

モバイルディバイスを使ってプロ並みの本の予告編とおすすめ動画を作成し、ユーチューブに

---

(6)　日本では、ブクログ（https://booklog.jp/）や読書メーター（https://bookmeter.com/）のような読書履歴を残すためのサイトがあります。本書では、以下のサイトが紹介されています。Goodreads（https://www.goodreads.com/）、Bookopolis（https://mayorofbookopolis.wordpress.com/）、Biblionasium（https://www.biblionasium.com/）

(7)　ポッドキャストとは、インターネット上で音声や動画を公開する方法の一つです。ブログやポッドキャストをつくるための、生徒向けのツールとして、Kidblog（https://kidblog.org/home/）とWeebly for Education（https://education.weebly.com/）の二つが紹介されています。

(8)　階段を使った広告は「階段広告」と呼ばれています。洋書だと背表紙のタイトルが横書きなので、本を横にして積み上げた状態を階段で表現できます。イギリスの小学校の例（https://www.stjohnskirkdale.co.uk/page/?pid=308）や、オーストラリアの小学校の例（https://birrong-p.schools.nsw.gov.au/）を参照してください。

(9)　「ステップ2」、「ステップ3」、「ステップ4」は、著作権について気になるところです。日本では、著作権法第35条で授業目的での著作物の利用は許諾を得る必要がないと規定されています。しかし、公衆送信権を侵害するようなウェブサイトへの投稿は、著作権者に許諾を得る必要があります。なお、アメリカの著作権については「アメリカ著作権局ウェブサイト」（https://www.copyright.gov/）を参照してください。

投稿するか、グーグル・リンクに保存して共有してみましょう。生徒や教師にも参加してもらえるように、どちらにも同じ方法を教えてください。なお、ビデオ撮影用のツールはネットからさまざまな種類のものを入手することができます⑽。

また、有名な歌を練習して、図書館や読むことに関するパロディーの歌やミュージックビデオをつくることもできます。もし「マネキンチャレンジ⑾」をするなら、学校図書館内だけではなく学校のあちこちでもやってみて、教師やほかの生徒が本を読んでいる場面を生徒たちに撮影してもらうというのがよいでしょう。

ステップ4　コンテストを開催する

学校全体でコンテストを開くことは、読むことの促進と健全な競争心を促す素晴らしい方法となります。栞（しおり）をデザインするコンテストを開き、優勝者の栞を印刷して貸出するときにわたします。季節によって変わるテーマ、たとえばハロウィンならば「本をテーマにしたカボチャ⑿」などや、オーナメント、旗のデザインなどのコンテストをしましょう。また、

> モバイルディバイスを使って、プロ並みの本の予告編とおすすめ動画を作成して、ユーチューブに投稿するか、グーグル・リンクを使って保存して共有しよう。生徒にも教師にも参加してもらえるように、両者に同じ方法を教えよう。

教師を巻き込んで、本を持っている幼いときの写真を貸してもらいましょう。その写真に写っている子どもが誰なのか、生徒が当てるといったクイズもできます。

学校全体のブックフェアの期間やその他の図書館関連の日には、「ドア飾りコンテスト」を開催しましょう（次ページの写真参照）。生徒が協力して受賞に値するようなデザインをつくりだしたり、教師が自分の読書に対する想いを共有したりする素晴らしい機会となります。

コンテストに関する宣伝を忘れないようにしましょう。また、教師が生徒と一緒に本やテーマ

---

(10)　以下のようなツールが紹介されています。Adobe Spark Video（https://www.adobe.com/jp/products/spark.html）、Animoto（https://animoto.com/）、iMovie（https://www.apple.com/jp/imovie/）、My Simple Show（https://www.mysimpleshow.com/）、Kizoa（https://www.kizoa.jp/）、Biteable（https://biteable.com/）、WeVideo（https://www.wevideo.com/）、TouchCast（https://www.touchcast.com/）。また、映像の背景を消すためのグリーンスクリーンとしてはDoink（http://www.doink.com/）などがあります。

(11)　マネキンのように動かずに、ストップモーションの状態を維持したままの映像や写真を撮りネット上に挙げることです。カリフォルニア州のグリフィス中学校図書館の例（https://www.youtube.com/watch?v=QSYr3-Z01Rw）や、ニューヨーク公共図書館の例（https://www.facebook.com/nypl/videos/10154746244602351/）などをネット上で見ることができます。

(12)　カボチャを使って本のキャラクター（pumpkin book character）をつくり、本の紹介をします。以下のサイトでその様子が分かります。小学校での様子（https://www.legacyca.com/storybook-pumpkin-patch/）や幼稚園での様子（https://preschoolinspirations.com/pumpkin-book-character-craft/）が紹介されています。

を決めて、資料を集めたうえでドアがデザインできるように、少なくとも三週間前には知らせるようにしてください。生徒全員がお気に入りのドアに投票できるように、各ドアの写真を撮ってその画像を「グーグル・サーベイ(13)」に入れておきます。

もし、ブックフェアの利益の一部を使って賞品を購入するときには、受賞したクラスの生徒と教師も招待しましょう。毎年、学校全体がこのチームイベントを楽しみにするようになって、競争が激しくなる可能性もあります。クラスによっては、数か月前からドアのデザインと資料収集をはじめるかもしれません。

人気本で飾られたドアは、学校の廊下を読むことにあふれた場に演出する

『グレッグのダメ日記』をテーマにしたドアに、生徒の自己紹介を貼り付ける

ステップ5　読書プログラムを推進する

私たちは、読むことの価値と、それがほかの分野に及ぼす効果についてよく知っています。しかし、楽しみのために本を読む時間を生徒たちに与えているでしょうか？　最低でも月に一回（または週に一回）、生徒たちが本や雑誌を「ひたすら読む」時間を設定してください。

「世界読み聞かせの日」の期間中に、直接であってもバーチャルであってもいいので、読むことに関係する人を招待して本を共有するようにしましょう。学校図書館で「本の試食会」や「本とデート」（次ページの**コラム**参照）を開催すれば、生徒は借りたいと思える新しい本に出合うことができます。

地元の定年退職者や高齢者施設の人を図書館に招いてください。若い生徒たちがその人たちに本を読んであげることができます。保護者に対する説明会と同じ日にブッククラブを開けば、両方のイベントへの出席が増えることでしょう。また、生徒と保護者がお気に入りの本を共有できるように、フェイスブックのグループのなかでバーチャルなブッククラブを開きましょう。

さらに、公共図書館員を招いて、夏の読書プログラムの取り組みについて生徒に話してもらってください。入学予定の幼稚園児に配る本、『きみの行く道』（ドクター・スース／いとうひろみ

（13）（Google surveys）オンライン上でアンケートを作成し、回答を集計することができるウェブ上のツールです。

訳者コラム
「本の試食会」と「本とデート」

本の試食会（book tasting）――テーブルにお皿やメニューなどを用意して、レストランにいるような雰囲気をつくることからはじめます。一冊の本について３分から５分程度、表紙などを確認したり中身をパラパラと読んだりすることを何冊か繰り返します。メニューには、本の印象や格付けなどを記入する活動をします。たくさんのテンプレートが用意されています。https://www.weareteachers.com/book-tasting/ が参考になります。日本で提唱されている「味見読書」が似ている活動となります。

本とデート（speed dating）――本に素早く目を通して、気に入ったかどうか判断する活動です。本のプロフィールをあらかじめ用意したり、気に入らない本には「ごめんなさい」したりできるなど、デートを楽しむ感覚で本と出合うことができます。https://www.readerpants.net/2019/08/book-speed-dating-how-i-did-it-and-why.html が参考になります。

訳、河出書房新社、二〇〇八年）か『みんな、ワンダー』（R・J・パラシオ／中井はるの訳、アルファポリス、二〇一八年）を購入するために、地域の支援や助成金をお願いしましょう。本を手わたすことは新入生を学校に迎えるためのよい方法ですが、一二年生になるまで担任教師全員がサインをしてくれたらさらに素晴らしい宝物になります。

ステップ6　親切をつないでいく

人類はこれまでずっと、自分たちの物語を共有することでお互いを結びつける絆を築いてきました。生徒や教師の間でお気に入りの本を共有するだけでなく、ほかの人とつながる機会もつくってください。病院、老人ホーム、退職者センター、さらには地元の「ロナルド・マクドナルド・ハウス」[14]の責任者と話をして、スカイプまたはグーグル・ハングアウトを使って患者や住人たちとやり取りができるようにしましょう。

読む側と読んでもらう側の双方がバーチャルにつながることは、よい経験となるでしょう。社会で起こっている問題への気づきや、そのための資金を集める生徒のために、「ハック7」で触れた「リーダソン」（一七一ページ参照）を開催することもできます。探究の単元での成果を世界中の子どもたちと共有するために、絵本の形で表現することを考えてみましょう。このような国際的な贈り物は、異文化交流においても役立ちます。

ステップ7　イベントを主催する

自分にとって特別な意味のある瞬間は忘れないものです。おそらく生徒は、本に関する分類の仕組みや著作権のことなどは覚えていないでしょう。しかし、お気に入りとなっている本のキャラクターに仮装して、パレードしたときのことは鮮明に覚えているはずです。

「一冊の本、一つの学校」[15]プログラムを行って、本を使い、真実や忠誠心、忍耐力などの普遍的

---

(14)　(Ronald McDonald House)　病気の子どもとその家族が滞在できる施設です。

(15)　(One Book、One School)　保護者を含めた学校のコミュニティー全体で、本の楽しさを共有するプログラムのことです。各家庭では、選択された本をもらうことができます。

なテーマについての話し合いに参加できるようにしましょう。そして、扱ったテーマを披露する、集大成となる活動を企画するのです。

さらに、コルデコット賞やニューベリー賞[16]をまねて学年で人気投票を行い、授賞式の計画を立ててみましょう。そして、受賞者をＳＮＳで紹介するのです。また、毎年恒例となっている、発売予定の本を対象とした「本の誕生日」を、風船やお菓子、地域のメンバーによるお気に入りの本で祝いましょう。

生徒を作家の大先生として賞賛しましょう。生徒は「ブッククリエーター」を使って自分の本を書いて保存し、「ライト・アワ・ワールド」[17]というサイトを使って世界中に公開することができます。また、生徒が自分で書いたりイラストを入れたりしてつくった本は、学校図書館の蔵書に加えて特別な場所に置くこともできます。

もし、学校に読むことに関する雑誌や新聞を発行しているグループがある場合は、そうしたグループに、最新号の発行をお祝いする場所として図書館を使ってもらいましょう。ほかにも、「ミリオネア・パーティー」[18]のような、たくさん読んだ生徒を有名人として賞賛するイベントも計画してみてください。

課題を乗り越える

読む能力の向上と楽しみのために読書を推進することは、すべての学校図書館員の使命です。そして、それは生徒に対してだけでなく、すべての大人にも当てはまることです。大人が読んでいるのを見れば、生徒は進んで読むようになります。読む習慣を見せることは、その習慣がある

---

(16)「コルデコット賞」とは、一九三八年に米国図書館協会が創設した絵本賞です。一九世紀のイギリスのイラストレーター、ランドルフ・J・コルデコットにちなんでいます。一方、「ニューベリー賞」は、一九二二年に米国図書館協会により創設された、児童文学賞のなかでもっとも歴史のある賞です。世界で最初の子どもの本を出版したイギリスのジョン・ニューベリーにちなんでいます。

(17)（Book Creator）（https://bookcreator.com/）文章、画像、音声、映像を使った電子書籍を作成するためのアプリです。日本語にも対応しています。

（Write OurWorld.org）子どもによる子どものための電子書籍サイトです。自分が書いた電子書籍を公開したり、他者のものを読んだりすることができます。

(18)（Millionaire Bash）ジョージア州コロンバスのある小学校で行われている幼稚園児を対象にした年間の伝統行事で、学年中に一〇〇万語を読んだ子どもを有名人として扱うイベントのことです。ＱＲコードで、その様子が分かります。

大人にとっては簡単ですが、すべての大人が読むことに価値を見いだしているわけではありません。次に示した答えで、課題を乗り越える準備をしておいてください。

課題1　「私は（担当教科名）の教師なんだ。読むことについては専門じゃない」

学校図書館員は、誰よりも読むことに長けている人であり、教師の導き手であり、教師と協働できる人です。教師に、クラスのなかで読むことを推進するために必要となるリソースを提供しましょう。授業に役立つ書籍、ウェブサイト、データベースを紹介して、(19) 生徒の読む力と学習内容の理解を高められるようにしましょう。また、テストや授業が早く終わったときに生徒が教室で読めるような雑誌を、教師が借りられるようにしておくこともできます。

課題2　「楽しんで本を読む時間なんてない」

生徒が短い時間で読める短編や詩を集めましょう。学校の放送で、毎週数ページの短編小説を読むなど、全校生徒（教師も！）が読む体験のできるような取り組みもいいでしょう。文字が少なくて、学習に使える絵本を買いましょう。そうすれば、教師は学習テーマを紹介するときや作文のテーマを出すときに利用できます。読むことに困難を抱える生徒、特別な支援を必要とする生徒、英語が母語でないＥＳＬの生徒をサポートすることでカリキュラムとつながるのです。

『課題3』「教室に置く本を購入するための予算なんてない」

学校図書館員は、同僚の教師たちが生徒用の本を集める際に手助けすることができます。図書館の予算を使うことなく、アイディアいっぱいの方法をたくさん見つけることができます。もし、ブックフェアの入場券を持っているならば、それを教師にわたしましょう。また、病院には、使えそうな雑誌のバックナンバーを寄贈してほしいと頼んでみてください。さらに、毎年五月の第一土曜日に開催される「無料マンガ本の日」[20]には、地元の書店に立ち寄ってください。

地元の作家に著作の寄付をお願いしたり、学会などで本を出品している出版社に、売れ残った本の寄付をお願いすることもできます。また、保護者や地元の人に、フェイスブックで本を寄付するイベントがあることを知らせましょう。生徒、教師、保護者が教室や自宅の本棚が充実できるように、本の交換会を図書館で行うというのもいいでしょう。

教師と生徒用に公共図書館カードの申請書を配り、その場で回収することで教師と公共図書館の橋渡し役にもなれます。書棚を増やすためのお金を節約したかったら、スマートボードやホワ

(19)　これらは、多様な能力、興味関心、学ぶスピードや学び方をもっている生徒たちに対して、一つの教科書で対応することは不可能なので、複数の読み物を提供する「テキストセット」という考え方です。一二九ページの注(12)を参照してください。

(20)　(Free Comic Book Day)　二〇二〇年は五月二日でした。https://www.freecomicbookday.com/

イトボード、黒板の下にプラスチック製の雨どい[21]を取り付けるなどといった工夫もできます。注意を払うところが分かっていれば、生徒向けの本を見つける方法はたくさんあるのです。[22]

ハックが実際に行われている事例

ローラの話

ローラ・ガードナーは二〇一六年の「年間最優秀学校図書館員賞」の最終候補者であり、マサチューセッツ州ダートマス中学校の学校図書館員です。読むことを推進するというのは、彼女のお気に入りの仕事となっています。ローラは、SNSを利用して読むことの宣伝をしています。[23]クラス向けには「本のビュッフェ」やブックトークを利用した活動を行い、教師向けには、放課後に開催されるブッククラブなどの活動で読むことを推進しています。

もっとも重要なことは、学校で本の選択肢を豊富に用意することです。たとえば、一年単位で貸出を行っていつも手元に置いて読める本や、夏休み中に長期貸出する本などを生徒が選べるようにしています。ローラは、生徒が本を選びやすいように、英語（国語）教師全員と毎学期「本のビュッフェ」を行っています。そして、生徒には、読みたい本のリストを常に持っておくようにとすすめています。

教師の何人かは教室の外に「ガードナーの庭」[24]を掲示して、教室で行ったブックトークで取り上げた本の写真を紹介しています。また、ローラの学校は、定期的に読むことを称えています。さらに、「読書達人の壁」[25]が学校図書館の外にある大きな掲示板に目立つように掲示されています。そこには、読むことに関する何らかの理由で推薦された生徒のお気に入りの本とともに写真

（21） 雨を通すための溝に本を立てかけて使います。黒板下の壁に横長に設置することで、表紙を見せる収納棚になるという発想です。以下のようなイメージとなります。https://www.thespectrum.com/story/opinion/blogs/educationitself/2016/09/12/tips-make-rain-gutter-bookshelves-your-classroom/90250968/

（22） アメリカでは、学校が、出生から一八歳までの困っている子どもたちにサービスを提供する場合、「FirstBook.org」で登録ができるようになっています。このNPOは、会員に新しくて質の高い本と教育の資料を手頃な価格で提供しています。ここでは、無料のOpen eBooksアプリも利用できます。ほかにも、BarbershopBooks.orgやReachOutAndRead.orgなどの取り組みがあります。

（23） 本を表紙が見える状態でテーブルに置き、生徒に三分間で一つのテーブルの本を確認し、またほかのテーブルの本も確認します。そして、読みたい本のリストをつくるという、本が読みたくなる活動です。ローラの活動は下記を参照してください。https://www.nbpts.org/amp-up-your-classroom-collaborate-with-your-school-librarian/

（24） （Gardner's Garden） あらゆるガーデンスタイルの写真を集めて一覧できるようにしてある『Gardener's Garden（庭師の庭）』という本にヒントを得て、ローラが自分の苗字にひっかけて名付けたプロジェクトです。

（25） （the Reading Wall of Fame） 一例として、以下のものがあります。http://zacharyelementary.org/?p=1018

が掲示されています。そのため、「読書達人の壁」は本を紹介する方法の一つとしても機能しています。

ブッククラブは、学校において読む文化を築くもう一つの重要な柱と言えます。ローラは週に一～二回、学年ごとに「ランチ・ブッククラブ」を開催しています。また、六年生から八年生の生徒たちは、「世界読み聞かせの日」に参加しています。そこで著者とスカイプして、好きな本の話をしています。

ローラの学校の教師は、ブッククラブで月に一回集まって本を読み、推薦する中学生向けの本や「YA図書」(26)について話し合っています。

「あるときのテーマは、さまざまな登場人物についてでした。みんな、テーマにあった本を少なくとも一冊は読んでから参加していました。クッキーとお茶を楽しみながら、意見を交換しあいました」と、ローラはそのときの様子を語りました。

校内で文学を推進するリーダーであるローラは、「#30bookssummer」(27)に参加した一〇人の教師とフェイスブックグループを立ちあげました。目標は、各教師が夏の間に三〇冊の中学生向けの本を読むことです。グループではメンバーが意見交換を行い、さらにお互いの本を交換するために会ったり、ランチを持ち寄って(28)本の話をして楽しみました。

ローラのSNSのアカウントには本の推薦情報が満載となっています。二〇一七年、彼女は夏の間毎日、厳選されたリストから選んだ本を一冊読むという目標を設定しました。彼女は自らの目標を達成し、写真、評価、要約、レビュー、ハッシュタグを利用して、愛読したすべての本をSNS上に紹介しました。

ローラが教えている生徒の何人かは、インスタグラムで彼女をフォローしています。ローラは、「SNSで私が推薦した本を読みたくて、生徒たちが学校図書館に来ることほど素晴らしいことはないと思っています。私が読んだ中学生向けの本の表紙をすべて印刷してドアに貼っています。すでに、今年度用の壁からあふれでています」と語っていました。

学校図書館の核心となる部分は、今も、そしてこれからも「読むこと」です。生徒それぞれをぴったりの本とつなぐことによって、彼らの人生を変える力となります。印刷物であれ、ディジタルであれ、ビジュアルであれ、オーディオであれ、誰もがよい物語を愛しています。

(26)　ヤングアダルトブックとも言い、一二歳から一八歳くらいを対象にした本のことです。
(27)　夏休みに三〇冊を読破するイベントのハッシュタグです。
(28)　インスタグラムは @Librarianmsg、ツイッターは @LibrarianMsG と紹介されています。

私たちは、何度も何度も読み、聞き続けた作品については、親しい友人のことのようによく知っています。学校図書館員としての私たちの仕事は、読むことを愛する方法をすべての生徒に教えて、彼らが社会のなかで活発に行動できる、教育水準の高い市民になるように促すことなのです。

おわりに

本書は、学校図書館員がぬるま湯から出て、よりイノベーティブな方法で学びのコミュニティーに積極的にかかわることを後押しするために書かれました。ハックによっては、時間もリソースも不十分でとてもできないと思われるものがあるかもしれません。でも、決して不可能ではありません。一つのハックからはじめて、数日間取り組んでみましょう。重要なのは、ぬるま湯から出て一緒に学んで成長することです。

本書に掲載したハックは、時間を要しますし、学びのコミュニティーのサポートも必要です。ですから、本書で紹介されているアイディアをぜひ管理職や教師にも教えてください。あなたの前向きな気持ちが学校全体に波及していくはずです。この動きが、学校のあらゆることを変える可能性にもつながります。

目標は、生徒と教師の未来を変えるプログラムをつくることです。それを忘れないようにましょう。ハックに取り組んでみて、その結果を学びのコミュニティーや個人的な学びのネットワーク（ＰＬＮ）で共有しましょう。新しいハックを開発したら、ほかの教育関係者があなたの実践から学べるように、ぜひご自分の、または本書のＳＮＳネットワークにシェアしてください。待つ必要はありません。今日から学校図書館のハックをはじめましょう！

あなたの素晴らしい取り組みの話が聞きたいです。ツイッターでつぶやいてください。（ただし、英語でね！）ハッシュタグは「#hackyourlibrary」となっています。[1]

（1）日本の読者のみなさんと取り組みを共有したいと著者は言っています。以下のメールアドレス（pro.workshop@gmail.com）に発信をお願いいたします。みなさんの取り組みは、「ＲＷ／ＷＷ便り」（http://wwletter.blogspot.com/）でも紹介します。

訳者紹介

松田ユリ子（まつだ・ゆりこ）

神奈川県立高校学校司書。これまで県立高校６校の学校図書館をハックし続けてきた。法政大学兼任講師として、未来の司書教諭と司書を育てることも楽しんでいる。NPO法人パノラマ理事。著書に『学校図書館はカラフルな学びの場』（ぺりかん社、2018年）などがある。

桑田てるみ（くわた・てるみ）

国士舘大学教授。教員を目指す学生に学校図書館を教えている。私立中学校・高等学校の司書や司書教諭を務めた経験をいかし、図書館がもつ本来の機能も、新しい時代に求められる機能も、すべて発揮できる最高の学校図書館を提案することを目指して日々研究中。

吉田新一郎（よしだ・しんいちろう）

50～60年前にこうだったら、自分の人生は根本的に違っていただろうな、と思いつつ選書から翻訳編集にかかわりました。今からは取り戻せませんが、今の子どもたちやこれからの子どもたちにはまだ間に合います！
問い合わせは、pro.workshop@gmail.comにお願いします。

学校図書館をハックする
――学びのハブになるための10の方法――

2021年１月25日　初版第１刷発行

訳者　松田ユリ子
　　　桑田てるみ
　　　吉田新一郎

発行者　武市一幸

発行所　株式会社　新評論

〒169-0051
東京都新宿区西早稲田３-16-28
http://www.shinhyoron.co.jp

電話　03(3202)7391
FAX　03(3202)5832
振替・00160-1-113487

落丁・乱丁はお取り替えします。
定価はカバーに表示してあります。

印刷　フォレスト
装丁　山田英春
製本　中永製本所

Printed in Japan
ISBN978-4-7948-1174-5